मन की शक्तियाँ

स्वामी विवेकानंद

GRAPEVINE BOOKS

Published by
GRAPEVINE BOOKS

www.grapevinebooks.com
email: contact@grapevinebooks.com

Ordering Information:
Quantity sales: Special discounts are available on quantity purchases by corporations, associations, and others.
For details, reach out to the publisher.

First published by Grapevine Books, 2025

Printed at Nutech Print Services - India

विषय सूची

मनुष्य

मनुष्य जीवन की सबसे ऊँची अभिव्यक्ति है। उसमें ईश्वर का सार समाया है। ईश्वर उससे अलग नहीं है; बल्कि, मनुष्य ही उस शाश्वत सत्य की झलक है। ऊँचा उठने के लिए हमें शरीर, मन और कल्पना की सीमाओं से आगे बढ़ना होता है — यही सच्चा मानव बनना है।

हिंदू दृष्टिकोण के अनुसार, मनुष्य में तीन स्तर होते हैं: शरीर, मन और आत्मा। शरीर सबसे बाहर का हिस्सा है, जो विविधताओं से भरा होता है और जिसे आनुवंशिकता और वातावरण प्रभावित करते हैं। फिर भी, यही हमारी असली पहचान नहीं है। इसके भीतर मन होता है, और मन के भीतर होती है आत्मा — जो दिव्य और अटूट है।

*

हम केवल जीवविज्ञान या इतिहास के पात्र नहीं हैं। हर इंसान एक मकसद लेकर जन्म लेता है, जिसे उसका कर्म आकार देता है। आप सिर्फ अपने पिछले जन्मों को नहीं, बल्कि अपने पूर्वजों की विरासत को भी साथ लेकर चलते हैं। आप अकेले नहीं हैं। आपको देखा जाता है, दिशा दी जाती है, और एक अर्थपूर्ण जीवन जीने के लिए बुलाया जाता है।

*

यह मकसद किसी एक जाति या वर्ग तक सीमित नहीं है। चाहे कोई ब्राह्मण हो या मजदूर, पुरुष हो या महिला, इस धरती पर जन्मा हर बच्चा धर्म की धरोहर की रक्षा के लिए आता है —

हमारी आध्यात्मिक विरासत की रक्षा के लिए। कुछ देशों में जीवन का मकसद सत्ता हो सकता है, लेकिन भारत में वह त्याग है। विज्ञान, ज्ञान या शक्ति — सब कुछ उस ऊँचे उद्देश्य की सेवा में होना चाहिए।

एक राष्ट्र तभी तक जीवित रहता है जब तक वह अपने आध्यात्मिक मूल को संभाले रहता है। अगर वह इसे छोड़कर भौतिकता के पीछे भागता है, तो खत्म होने का खतरा उठाता है। आध्यात्मिकता कोई शौक नहीं है; यह हमारी रीढ़ है। इसके बिना कोई भी सभ्यता टिक नहीं सकती।

हर इंसान में पूर्णता की क्षमता होती है। पैगंबर इस पूर्णता को सामने लाते हैं; वे इसे बनाते नहीं हैं। वही ईश्वर जिसने मूसा, ईसा या कृष्ण से बात की थी, आपसे भी बात कर सकता है। सीधे उसी के पास जाओ। दूसरों के विश्वास से समझौता मत करो।

जहाँ हो वहीं से शुरू करो। अपने सबसे नजदीकी — अपने शरीर और मन से शुरुआत करो। वह शक्ति — प्राण — जो तुम्हें जीवन देती है, वह तुम्हारे अनंत से जुड़ने का जरिया है। इसे जानो, और तुम जीवन को जान जाओगे।

*

वेदों में बहुत पहले एक महान सत्य की खोज की गई थी: "मैं वही हूँ।" हर नाम के पीछे — चाहे ईश्वर हो, ब्रह्म हो या अल्लाह — एक ही सच्चाई छुपी है। हमारा उद्देश्य है उस एकता को अपने भीतर महसूस करना। हर व्यक्ति में पैगम्बर, संत या ज्ञानी बनने की क्षमता होती है। यह कोई संयोग नहीं, बल्कि लगातार और निर्देशित प्रयास का फल है। आत्मा हर शास्त्र से ऊपर है — यहाँ तक कि वेद भी उसी पर टिके हैं। वही आत्मा ब्रह्म है

— अनंत अस्तित्व, ज्ञान और आनंद का स्रोत। जब यह अनुभव होता है, डर मिट जाता है। तब आप जन्म और मृत्यु से परे हो जाते हैं। आप ब्रह्मांड को देख रहे होते हैं, उसके गुलाम नहीं होते।

शरीर बदल सकता है, मन डगमगा सकता है, लेकिन आत्मा स्थिर रहती है। जैसे पानी में मथकर बना मक्खन तैरता है और अछूता रहता है, वैसे ही आत्मज्ञान पाने के बाद आत्मा शुद्ध बनी रहती है, चाहे वह कहीं भी हो।

मनुष्य आत्मा के रूप में स्वतंत्र है, लेकिन जब वह अहंकार से जुड़ता है तो बंध जाता है। यह बंधन असली नहीं, एक भ्रम है। जब आप अपने सच्चे आत्म से जुड़ते हैं, तो कुछ भी आपको चोट नहीं पहुँचा सकता। जब आपकी जागरूकता फैलती है, आप हर जगह ईश्वर को देखने लगते हैं — हर हाथ, हर आँख, हर मन में।

सच्ची नैतिकता इसी आध्यात्मिक समझ में होती है। जब हम हर इंसान में अनंत को देखते हैं, तभी नैतिकता जीवित रहती है। लेकिन जब हम यह भूल जाते हैं, तो भौतिकता में डूब जाते हैं और रास्ता खो देते हैं। बाहरी दुनिया पर जीत अच्छी है, लेकिन अपने भीतर की दुनिया पर जीत उससे भी बेहतर है। अपने विचारों, इच्छाओं और भावनाओं को समझना — यही सच्चा धर्म है।

दुनिया बाहरी शक्ति की पूजा करती है, लेकिन बुद्धिमान लोग आत्म-नियंत्रण को प्राथमिकता देते हैं। इतिहास बताता है कि किसी राष्ट्र का विकास आध्यात्मिक जागरूकता से शुरू होता है, और उसका पतन तब होता है जब वह अनंत से दूर हो जाता है। कुछ लोग इंद्रियों में आनंद पाते हैं, कुछ कला या दर्शन में, लेकिन सबसे ऊँचे लोग आध्यात्मिक विचारों में ही सच्चा सुख पाते हैं। धर्म केवल रास्ता दिखाने वाला नहीं, बल्कि मानवता की सबसे गहरी खोज है।

ईश्वर को मनुष्य में और मनुष्य के ज़रिए ही देखा जा सकता है। करुणा, न्याय और सुरक्षा के हमारे सारे विचार मानवता से आते हैं। गुरु, पैगम्बर या संत में ईश्वर को देखना गलत नहीं है। ऐसे पवित्र लोगों की पूजा ईश्वर की ही पूजा मानी जाती है, क्योंकि वे उसी अनंत पवित्रता की झलक होते हैं।

*

ईश्वर उनकी मदद करता है जो अपनी मदद करते हैं। मनुष्य में अनंत शक्ति है, लेकिन उसे खुद पर विश्वास करना होता है। अगर प्रार्थना ही हमें कमजोर और निर्भर बना दे, तो वह काफी नहीं है। हमें काम भी करना चाहिए।

*

सभी धर्म यह बताते हैं कि मनुष्य कभी एक आदर्श स्थिति में था, लेकिन अब उससे नीचे गिर चुका है। चाहे वह कथा हो या दर्शन, यही बात सामने आती है — आज का मनुष्य वैसा नहीं है जैसा उसे होना चाहिए था। लेकिन इसका अर्थ यह भी है कि वह फिर से ऊपर उठ सकता है। मनुष्य को प्रकृति के पीछे चलना नहीं है, उसे नियंत्रित करना है। वह सिर्फ शरीर नहीं है, बल्कि उड़ने वाली आत्मा है। सच्चा ज्ञान बाहर से नहीं आता — सारा जानना, खुद को जानना होता है। जैसे साफ दर्पण में सब कुछ साफ दिखता है, वैसे ही शुद्ध मन वाला व्यक्ति ईश्वर को ज्यादा स्पष्ट रूप से दिखाता है।

असमानता, भ्रम और दुख — ये सब शरीर से अपनी झूठी पहचान के कारण आते हैं। जैसे ही आप कहते हैं, "मैं ब्रह्मांड हूँ, मैं ब्रह्म हूँ," दुनिया आपकी बात मानने लगती है।

हम ऐसे नश्वर जीव नहीं हैं जो ईश्वर का सपना देख रहे हैं — हम ईश्वर हैं जो नश्वर जीवन का सपना देख रहे हैं। जो कुछ भी हम सोचते हैं, देखते हैं या महसूस करते हैं, वह सब शाश्वत आत्मा के सामने एक क्षणिक सपना है।

जब पर्दा उठता है, तो आपको एहसास होता है कि आप कभी शरीर नहीं थे, कभी नाम नहीं थे, कभी मन भी नहीं थे। आप हमेशा अनंत नीला आकाश थे - शाश्वत साक्षी।

*

यह मनुष्य है। और यह उसकी यात्रा है - पदार्थ की ओर नीचे की ओर नहीं, बल्कि प्रकाश की ओर ऊपर की ओर

*

बुद्धि, ज्ञान

वेदांत कहता है कि आत्मा अपने स्वभाव में पूरी तरह से अस्तित्व, ज्ञान और आनंद है। लेकिन ये आत्मा के अलग-अलग गुण नहीं हैं — ये तीनों एक ही हैं और आत्मा का सार हैं। यह सांख्य के इस विचार से सहमत है कि बुद्धि प्रकृति से जुड़ी है, क्योंकि यह प्रकृति के ज़रिए आती है। वेदांत यह भी बताता है कि जिसे हम बुद्धि कहते हैं, वह मिलीजुली चीज़ है। उदाहरण के लिए, चलिए अपनी धारणाओं को देखें। मैं एक ब्लैक-बोर्ड देखता हूँ। यह ज्ञान कैसे आता है? जर्मन दार्शनिक ब्लैक-बोर्ड की "वस्तु-स्वयं" को अज्ञात मानते हैं — मैं उसे कभी नहीं जान सकता। चलिए इसे x कहते हैं।

*

ब्लैक-बोर्ड x मेरे मन पर असर डालता है, और मन प्रतिक्रिया करता है। मन एक झील की तरह होता है। अगर झील में पत्थर फेंका जाए, तो एक लहर उठती है — वह लहर पत्थर जैसी नहीं होती, बस प्रतिक्रिया होती है। ब्लैक-बोर्ड x एक पत्थर की तरह है जो मन पर असर डालता है, और मन एक लहर पैदा करता है, जिसे हम ब्लैक-बोर्ड कहते हैं।

मैं तुम्हें देखता हूँ। असली रूप में तुम अज्ञात और न पहचाने जा सकने वाले हो। तुम x हो और तुम मेरे मन पर असर डालते हो, और मन उस दिशा में एक लहर पैदा करता है जहाँ से असर आया होता है — उसी लहर को मैं श्री या श्रीमती फलां कहता हूँ।

बोध में दो हिस्से होते हैं: एक बाहर से आता है और दूसरा अंदर से। इन दोनों का मिलन, यानी x + मन, हमारा बाहरी संसार

बनाता है। हर ज्ञान प्रतिक्रिया से आता है। जैसे व्हेल की पूंछ पर चोट लगती है और कुछ समय बाद वह महसूस करती है — इसी समय अंतराल से वैज्ञानिकों ने जाना कि उसका मन कैसे प्रतिक्रिया करता है।

आंतरिक अनुभव में भी यही होता है। मेरे भीतर का सच्चा "मैं" भी अज्ञात है। चलिए इसे y कहें। जब मैं खुद को किसी नाम या रूप से जानता हूँ, तो वह अनुभव y+मन होता है। यह y मन को प्रभावित करता है। इसलिए हमारा पूरा अनुभव x+मन (बाहरी) और y+मन (भीतरी) से बना होता है, जहाँ x और y क्रमशः बाहरी और अंदरूनी दुनिया की "वस्तु-स्वयं" को दिखाते हैं।

*

वेदांत के अनुसार, चेतना के तीन मूल आधार हैं — मैं हूं, मैं जानता हूं, और मैं आनंदित हूं। जब यह अनुभव आता है कि मुझे कुछ नहीं चाहिए, मैं शांत हूं, मुझे कुछ भी परेशान नहीं कर सकता — यही हमारे अस्तित्व का मुख्य सच है, हमारे जीवन का मूल नियम है। जब यह सीमित हो जाता है और एक मिलेजुले रूप में आता है, तब यह अस्तित्व, ज्ञान और प्रेम के रूप में सामने आता है। हर इंसान अस्तित्व में है, हर इंसान को जानना होता है, और हर इंसान को प्रेम करना होता है। वह प्रेम से खुद को रोक नहीं सकता। जीवन के हर स्तर पर, नीचे से ऊपर तक, सबको प्रेम करना ही होता है। वह भीतरी चीज, जो मन से मिलकर अस्तित्व, ज्ञान और प्रेम बनाती है, उसे वेदांत में 'परम सत्ता', 'परम ज्ञान', 'परम आनंद' कहा जाता है। वह असली सत्ता असीम है, शुद्ध है, अकेली है, उसमें कोई बदलाव नहीं होता — वह मुक्ति पाने वाली आत्मा है। जब वह मन से जुड़ती है और उलझती है, तब वह वह बन जाती है जिसे हम 'व्यक्तिगत सत्ता' कहते हैं — वनस्पति जीवन, पशु जीवन या मानव जीवन, जैसे कमरे या बर्तन में फैली हुई जगह सीमित हो जाती है। असली ज्ञान वह नहीं है जिसे हम जानते हैं — न

अंतर्ज्ञान, न तर्क, न वृत्ति। जब वह कमज़ोर होता है और उलझता है, तो वह अंतर्ज्ञान बनता है; और कमज़ोर हो जाए तो तर्क; और और भी कमज़ोर हो तो वृत्ति। असली ज्ञान केवल ज्ञान है — न अंतर्ज्ञान, न तर्क, न वृत्ति। उसका सबसे करीबी नाम है सर्वज्ञता — वह ज्ञान जिसकी कोई सीमा नहीं, कोई मिश्रण नहीं। आनंद भी जब धुंधला होता है, तब वह प्रेम बन जाता है — किसी शरीर, विचार या रूप की ओर आकर्षण बन जाता है। वह परम आनंद का बस एक बिगड़ा रूप है। परम सत्ता, परम ज्ञान और परम आनंद आत्मा के गुण नहीं, बल्कि आत्मा का ही स्वरूप हैं — इनका आत्मा से कोई अंतर नहीं है। और ये तीनों एक हैं — हम एक ही चीज को तीन अलग रूपों में देखते हैं। ये सब सीमित ज्ञान से परे हैं। आत्मा का वह शाश्वत ज्ञान जब मनुष्य के दिमाग में आता है, तो वह अंतर्ज्ञान, तर्क आदि के रूप में बहता है। यह कैसे प्रकट होता है, यह इस पर निर्भर करता है कि वह किस माध्यम से आता है। आत्मा के रूप में मनुष्य और पशु में कोई अंतर नहीं, फर्क सिर्फ मस्तिष्क के विकास का है — पशु का मस्तिष्क कम विकसित होता है, इसलिए वह अभिव्यक्ति जो हम वृत्ति कहते हैं, बहुत हल्की होती है। मनुष्य में मस्तिष्क अधिक विकसित होता है, इसलिए उसकी अभिव्यक्ति स्पष्ट होती है — और सबसे उच्च मनुष्य में यह पूरी तरह खुलकर सामने आती है। यही बात अस्तित्व पर भी लागू होती है — जो अस्तित्व हम जानते हैं, वह बस उस असली अस्तित्व का प्रतिबिंब है जो आत्मा की सच्चाई है। आनंद के साथ भी यही होता है — जिसे हम प्रेम या आकर्षण कहते हैं, वह आत्मा के आनंद का अपूर्ण रूप है। अभिव्यक्ति के साथ सीमाएं जुड़ती हैं, लेकिन जो अव्यक्त आत्मा है, वह अनंत है — उसके आनंद की कोई सीमा नहीं। पर प्रेम सीमित होता है — आज मैं तुमसे प्रेम करता हूं, कल नफरत करता हूं। मेरा प्रेम एक दिन बढ़ता है, दूसरे दिन घटता है — क्योंकि वह सिर्फ अभिव्यक्ति है।

*

कपिल के साथ हमारी पहली असहमति ईश्वर के बारे में उनके विचार को लेकर है। जैसे प्रकृति के बदलते क्रम की एक श्रृंखला होती है — जो व्यक्तिगत बुद्धि से शुरू होकर शरीर पर खत्म होती है — उसके पीछे एक पुरुष का होना जरूरी है, जो उसे चलाता और नियंत्रित करता है। वैसे ही ब्रह्मांड में भी — जहाँ सार्वभौमिक बुद्धि, सार्वभौमिक अहंकार, सार्वभौमिक मन और सभी सूक्ष्म व स्थूल तत्व मौजूद हैं — वहाँ भी इन सबके पीछे एक शासक और संचालक होना चाहिए। जब तक इन सबके पीछे सार्वभौमिक पुरुष न हो, तब तक यह ब्रह्मांडीय क्रम पूरा नहीं हो सकता। अगर आप इस सार्वभौमिक पुरुष को मानने से इनकार करते हैं, तो हम भी व्यक्तिगत क्रम के पीछे मौजूद आपके पुरुष को नहीं मानेंगे। अगर यह सच है कि हर विकसित व्यक्तिगत अभिव्यक्ति के पीछे कोई ऐसा पुरुष है जो उन सबसे अलग और स्वतंत्र है, तो यही तर्क सार्वभौमिक स्तर पर भी लागू होगा। वही आत्मा जो प्रकृति के सार्वभौमिक बदलावों से परे है, वही ईश्वर है, वही सर्वोच्च शासक, वही परमात्मा है।

अब मतभेद का असली मुद्दा आता है। क्या एक से ज़्यादा पुरुष हो सकते हैं? जैसा कि हमने समझा है, पुरुष सर्वव्यापक और अनंत होता है। और दो सर्वव्यापक या दो अनंत नहीं हो सकते। अगर दो अनंत — A और B — होते हैं, तो A को B की सीमा तय करनी पड़ेगी, क्योंकि B अगर A के बराबर नहीं है, तो वह सीमित है, और A अगर B के बराबर नहीं है, तो वह भी सीमित है। अगर दोनों अलग हैं, तो अलग होना ही यह दर्शाता है कि दोनों एक-दूसरे को बाहर रखते हैं — और बाहर रखना सीमा तय करता है। इस तरह, A और B एक-दूसरे की सीमाओं को तय करते हैं, जिससे वे अनंत नहीं रह जाते। इसलिए, एक ही अनंत हो सकता है — यानी केवल एक पुरुष।

*

अब हम x और y को लेकर यह दिखाएँगे कि वे एक ही हैं। हमने बताया कि जिसे हम बाहरी दुनिया कहते हैं वह x + मन है, और आंतरिक दुनिया y + मन है। x और y दोनों ही ऐसी चीजें हैं जिन्हें हम जान या समझ नहीं सकते। सभी फर्क समय, स्थान और कारण के कारण होते हैं, जो मन के हिस्से हैं। इनके बिना सोच नहीं हो सकती। आप बिना समय के नहीं सोच सकते, बिना जगह के कुछ कल्पना नहीं कर सकते, और बिना कारण के कुछ भी नहीं हो सकता। ये सभी मन के रूप हैं। अगर इन्हें हटा दिया जाए, तो मन भी नहीं बचता। इसलिए हर फर्क मन की वजह से है। वेदांत कहता है कि यही मन, और इसके रूपों ने, x और y को अलग-अलग बनाकर बाहरी और आंतरिक दुनिया बना दी। लेकिन चूंकि x और y मन से परे हैं, इसलिए उनमें कोई फर्क नहीं है — वे एक ही हैं। हम उन्हें कोई गुण नहीं दे सकते, क्योंकि सारे गुण मन से ही आते हैं। इसलिए, x और y एक ही हैं। पूरा ब्रह्मांड एक ही है। उसमें एक ही आत्मा है, एक ही सत्ता है। वही सत्ता जब समय, स्थान और कारण के रूपों से होकर आती है, तो उसे अलग-अलग नाम मिलते हैं — जैसे बुद्धि, सूक्ष्म पदार्थ, स्थूल पदार्थ, और सारे मानसिक व भौतिक रूप। ब्रह्मांड में सब वही एक सत्ता है, जो अलग-अलग रूपों में दिखाई देती है। जब उसका एक हिस्सा समय, स्थान और कारण के जाल में आता है, तो वह रूप लेता है। लेकिन जैसे ही वह जाल हटता है, सब कुछ फिर एक हो जाता है। इसलिए अद्वैत वेदांत कहता है कि पूरा ब्रह्मांड उसी आत्मा में एक है — जिसे हम ब्रह्म कहते हैं। जब वह आत्मा ब्रह्मांड के पीछे दिखती है, तो हम उसे ईश्वर कहते हैं। जब वही आत्मा हमारे शरीर के पीछे होती है, तो उसे आत्मा कहते हैं। इसलिए यही आत्मा मनुष्य की आत्मा भी है। एक ही पुरुष है — वेदांत का ब्रह्म। विश्लेषण करने पर हम पाते हैं कि ईश्वर और मनुष्य एक ही हैं। ब्रह्मांड आप ही हैं — आप ही अखंड रूप हैं, जो सब जगह मौजूद हैं।

"तुम ही सब हाथों से काम करते हो, सब मुखों से खाते हो, सब

नथुनों से सांस लेते हो, और सब मनों से सोचते हो।" पूरा ब्रह्मांड तुम हो। ब्रह्मांड तुम्हारा शरीर है। तुम ही ब्रह्मांड हो — चाहे वह बना हो या न बना हो। तुम ही उसकी आत्मा हो और उसका शरीर भी। तुम ही ईश्वर हो, तुम ही देवदूत हो, तुम ही इंसान हो, तुम ही पशु हो, तुम ही पेड़-पौधे हो, तुम ही खनिज हो — तुम ही सब कुछ हो। जो भी है, वह तुम ही हो। तुम अनंत हो। और अनंत को बाँटा नहीं जा सकता। उसका कोई हिस्सा नहीं हो सकता, क्योंकि अगर कोई हिस्सा होगा तो वह भी अनंत होगा — और तब हर हिस्सा पूरा ही हो जाएगा, जो असंभव है। इसलिए यह सोचना कि "मैं श्रीमान फलाँ हूँ", कभी सच नहीं हो सकता — यह तो एक सपना है। इसे जानो, और मुक्त हो जाओ। यही अद्वैत का निष्कर्ष है। "मैं न शरीर हूँ, न इन्द्रियाँ, न मन; मैं ही शुद्ध अस्तित्व, ज्ञान और आनंद हूँ; मैं वही हूँ।" यही असली ज्ञान है। बाकी सब तर्क, बुद्धि, और अन्य बातें अज्ञान हैं। मेरे लिए ज्ञान क्या है, जब मैं खुद ज्ञान हूँ! मेरे लिए जीवन क्या है, जब मैं खुद जीवन हूँ! मैं जानता हूँ कि मैं जीवित हूँ, क्योंकि मैं ही जीवन हूँ — मैं ही सत्ता हूँ — और मेरे जरिए, मुझमें और मेरे रूप में ही सब कुछ मौजूद है। मैं तत्वों से प्रकट होता हूँ, लेकिन मैं उनसे बंधा नहीं हूँ। कौन स्वतंत्रता चाहता है? कोई नहीं। अगर आप सोचते हैं कि आप बंधे हैं, तो आप बंधे रहेंगे — क्योंकि आप अपना बंधन खुद बनाते हैं। लेकिन अगर आप जानते हैं कि आप स्वतंत्र हैं, तो आप उसी पल स्वतंत्र हो जाते हैं। यही सच्चा ज्ञान है — स्वतंत्रता का ज्ञान। और स्वतंत्रता ही प्रकृति का अंतिम लक्ष्य है।

*

मन

*

पूर्ण प्रकृति की जो सत्ता हर जगह दिखाई देती है, वही ईश्वर है — वह निरपेक्ष है। अविभाजित ही असली स्थिति है; बाकी सब उससे नीचे हैं और टिकाऊ नहीं हैं।

अविभाजित होते हुए भी वह मन को विभाजित क्यों दिखती है? यह वैसा ही सवाल है जैसा यह पूछना कि बुराई और स्वतंत्र इच्छा कहाँ से आईं। यह सवाल खुद में ही विरोध पैदा करता है, क्योंकि यह मानकर चलता है कि हर चीज़ का कोई कारण और परिणाम होता है। लेकिन अविभाजित में तो कारण और परिणाम होते ही नहीं; यह सवाल गलती से यह मान लेता है कि अविभाजित भी विभाजित की तरह ही काम करता है।

"क्यों" और "कहां" जैसे सवाल केवल मन के दायरे में आते हैं। आत्मा इनसे परे है, और वही सच्ची स्वतंत्रता है। उसी का प्रकाश मन के हर रूप में फैला हुआ है। जब भी हम कुछ करते हैं, हम मानते हैं कि हम स्वतंत्र हैं — पर हर बार हमारी ही क्रिया यह दिखा देती है कि हम बंधे हुए हैं।

असल आत्मा स्वतंत्र है, लेकिन जब वह मन और शरीर के साथ जुड़ती है, तो उसकी आज़ादी खो जाती है। इच्छा ही आत्मा की पहली अभिव्यक्ति है; इसलिए आत्मा की पहली सीमा भी इच्छा ही बन जाती है। इच्छाशक्ति, आत्मा और मन के मिलन से बनी है।

अब, कोई भी चीज़ जो मिलकर बनी है, वह स्थायी नहीं हो सकती। इसलिए जब हम जीने की इच्छा रखते हैं, तो अंत में

हमें मरना ही पड़ता है। अमर जीवन कहना अपने आप में विरोध है, क्योंकि जीवन एक मिश्रण है, और मिश्रण अमर नहीं हो सकता। जो वास्तव में अस्तित्व है, वह न बंट सकता है, न मिट सकता है — वही शाश्वत है।

*

प्रकृति में जो भी अलग-अलग दिखाई देता है, वह प्रकृति ही है। प्रकृति पौधों में है, जानवरों में है, और इंसानों में भी है। इंसानों का जीवन एक तय ढंग से चलता है — वैसे ही उनका मन भी काम करता है। विचार यूँ ही नहीं आते; उनके जन्म, टिकने और खत्म होने का एक तरीका होता है। यानी जैसे बाहरी घटनाएँ नियमों के अनुसार चलती हैं, वैसे ही आंतरिक घटनाएँ — जैसे मन और जीवन — भी नियमों के अनुसार चलते हैं।

जब हम मन और जीवन को नियमों के संदर्भ में देखते हैं, तो साफ हो जाता है कि स्वतंत्र इच्छा या स्वतंत्र अस्तित्व जैसी कोई चीज़ नहीं होती। हम जानते हैं कि जानवर पूरी तरह से नियमों से बंधे होते हैं। जानवर स्वतंत्र इच्छा का प्रयोग नहीं करते — और यह बात इंसानों पर भी लागू होती है। इंसानी स्वभाव भी नियमों से बंधा होता है। मन के कामकाज को जो नियम चलाता है, उसे कर्म का नियम कहा जाता है।

कभी भी किसी ने शून्य से कुछ भी पैदा होते नहीं देखा। अगर मन में कुछ भी पैदा होता है, तो वह जरूर किसी और चीज़ से निकला होगा। जब हम स्वतंत्र इच्छा की बात करते हैं, तो ऐसा लगता है जैसे वह बिना किसी कारण के होती है।

लेकिन ऐसा नहीं हो सकता, क्योंकि हर इच्छा के पीछे कोई न कोई कारण होता है। और जब कारण है, तो इच्छा स्वतंत्र नहीं हो सकती — वह भी नियमों में बंधी होती है। जैसे मैं आपसे

बात करने आता हूँ और आप सुनते हैं — यह भी एक नियम है। मैं जो भी सोचता हूँ, करता हूँ, महसूस करता हूँ — मेरा हर व्यवहार, हर कदम किसी कारण से होता है, और इसलिए वह स्वतंत्र नहीं होता। हमारे जीवन और मन की यह व्यवस्था ही कर्म का नियम कहलाती है।

अगर ये विचार पुराने समय में पश्चिम में रखे जाते, तो भारी विरोध होता। पश्चिमी समाज यह मानना नहीं चाहता था कि मन भी नियमों से चलता है। लेकिन भारत में यह सिद्धांत सबसे पुराने दर्शन में आते ही मान लिया गया था। मन की आज़ादी जैसी कोई चीज नहीं है — ऐसा हो ही नहीं सकता।

*

वेदों में ऐसे कई हिस्से हैं जो सगुण ईश्वर के अस्तित्व को साबित करते हैं। उन ऋषियों ने, जिन्होंने गहरी भक्ति के जरिए ईश्वर का दर्शन किया, अनजाने में झाँककर दुनिया के सामने अपने अनुभव रखे। सिर्फ घमंडी लोग, जो ऋषियों के बताए रास्ते पर नहीं चले और उनकी बातों को नहीं माना, वही उनकी आलोचना करते हैं और उन्हें नकारते हैं।

अब तक ऐसा कोई व्यक्ति सामने नहीं आया जिसने पूरी तरह से ऋषियों की बात मानी हो और फिर भी कह सके कि उसे कुछ अनुभव नहीं हुआ और ये सब झूठ है। कई लोग समय-समय पर परीक्षा में डाले गए और उन्हें यह अनुभव हुआ कि ईश्वर ने उन्हें छोड़ा नहीं। यह दुनिया ऐसी है कि अगर ईश्वर पर विश्वास रखने से कोई सांत्वना नहीं मिलती, तो आत्महत्या करना ज्यादा अच्छा होता।

एक धर्मपरायण मिशनरी व्यापार के लिए बाहर गया था। इसी बीच उसके तीन बेटों की हैजे से मौत हो गई। उसकी पत्नी ने उन

तीनों के शवों को चादर से ढक दिया और दरवाजे पर अपने पति का इंतजार करती रही।

जब वह घर लौटा, तो पत्नी ने उसे दरवाजे पर ही रोका और पूछा, "प्रिय पति, अगर कोई आपको कोई चीज़ दे और आपकी गैरमौजूदगी में उसे वापस ले ले, तो क्या आपको दुख होगा?" उसने जवाब दिया, "नहीं, बिल्कुल नहीं।" फिर वह उसे अंदर ले गई, चादर हटाई और अपने तीनों बेटों के शव दिखाए। उसने सब कुछ शांति से सहा और उन्हें दफना दिया। यही मानसिक शक्ति होती है उन लोगों की, जो एक दयालु ईश्वर में गहरा विश्वास रखते हैं — जो ब्रह्मांड की हर चीज का हिसाब रखता है।

निरपेक्ष के बारे में सोचा नहीं जा सकता। जब तक वह कोई सीमा न ले, तब तक हम किसी चीज़ की कल्पना नहीं कर सकते। अनंत ईश्वर की पूजा और कल्पना हम सिर्फ एक सीमित रूप में ही कर सकते हैं।

*

इन सभी इन्द्रियों — बाहर की और भीतर की — पर शिष्य का पूरा नियंत्रण होना चाहिए। कठिन अभ्यास से उसे ऐसी स्थिति तक पहुँचना होता है, जहाँ वह अपने मन को इन्द्रियों के खिलाफ और प्रकृति की आदतों के खिलाफ मजबूती से खड़ा कर सके। वह अपने मन से कह सके, "तू मेरा है; मैं तुझे आदेश देता हूँ — कुछ मत देखना, मत सुनना", और तब मन न कुछ देखेगा, न सुनेगा — कोई भी दृश्य या आवाज उस पर असर नहीं डालेगी।

इस अवस्था में मन इन्द्रियों के प्रभाव से आज़ाद हो जाता है और उनसे अलग हो जाता है। फिर वह शरीर और इन्द्रियों से बंधा नहीं रहता। अब बाहरी चीजें मन पर हुक्म नहीं चला सकतीं —

मन उन्हें अपने से जोड़ने से इनकार कर देता है। अगर कोई मीठी खुशबू आती है,

तो शिष्य मन से कहता है, "इसे मत सूंघ", और मन उस गंध को महसूस नहीं करता। जब तुम इस स्थिति तक पहुँच जाते हो, तभी तुम वास्तव में शिष्य बनना शुरू करते हो। इसलिए जब लोग कहते हैं, "मैं सत्य जानता हूँ", तो मैं कहता हूँ, "अगर तुम सच में सत्य जानते हो, तो खुद पर नियंत्रण होना चाहिए; और अगर तुम खुद पर नियंत्रण रखते हो, तो इन्द्रियों को काबू में करके दिखाओ।"

*

इसके बाद मन को शांत करना जरूरी होता है। यह हमेशा भटकता रहता है। जैसे ही मैं ध्यान में बैठता हूँ, दुनिया की सबसे घिनौनी बातें मन में आने लगती हैं। यह सब बहुत गंदा होता है। मन ऐसे विचार क्यों लाता है जिन्हें मैं नहीं चाहता? ऐसा लगता है जैसे मैं मन का गुलाम हूँ। जब तक मन बेचैन और नियंत्रण से बाहर है, तब तक कोई भी आध्यात्मिक समझ नहीं आ सकती। शिष्य को यह सीखना होगा कि मन को कैसे काबू में रखा जाए।

हाँ, सोचने का काम मन का है। लेकिन अगर शिष्य नहीं चाहता, तो मन को नहीं सोचना चाहिए; और जब शिष्य कहे, तब ही मन को सोचना चाहिए। शिष्य बनने के लिए मन की यह स्थिति होना बहुत जरूरी है।

*

साथ ही, शिष्य में बहुत अधिक सहनशक्ति होनी चाहिए। जब जीवन आसान लगता है और सब कुछ ठीक चलता है, तब मन

अच्छा व्यवहार करता है। लेकिन जब कुछ भी गलत होता है, तो मन तुरंत परेशान हो जाता है। यह सही नहीं है। हर बुराई और दुख को बिना दुख के, बिना गुस्से, उपाय या बदले की भावना के सहन करना सीखो। यही असली धीरज है, और तुम्हें इसे हासिल करना ही चाहिए।

दुनिया में हमेशा भलाई और बुराई दोनों रहेंगी। बहुत से लोग भूलने की कोशिश करते हैं कि बुराई भी होती है; और जब बुराई सामने आती है, तो वे डर जाते हैं और नाराज़ हो जाते हैं। कुछ लोग कहते हैं कि बुराई नाम की कोई चीज़ नहीं है और हर चीज़ को अच्छा बताते हैं। यह भी एक कमजोरी है; यह डर से ही पैदा होती है।

अगर कोई चीज़ बदबूदार है, तो उस पर गुलाब जल छिड़ककर उसे खुशबूदार क्यों कहें? हाँ, दुनिया में अच्छाई और बुराई दोनों हैं — ईश्वर ने ही बुराई को दुनिया में रखा है। लेकिन आपको उसे अच्छा दिखाने की ज़रूरत नहीं है। बुराई क्यों है — यह जानना आपका काम नहीं है। बस विश्वास करो और शांत रहो।

*

"मैं" के बिना कोई "तुम" नहीं हो सकता। कुछ विचारकों ने इस बात पर ज़ोर दिया कि बाहरी दुनिया सिर्फ "मैं" के अनुभव का हिस्सा है; कि "तुम" सिर्फ "मैं" में ही हो। दूसरों का कहना है कि "मैं" को केवल "तुम" के ज़रिए ही जाना जा सकता है। दोनों विचारों में आंशिक सच्चाई है — दोनों आधे सही हैं और आधे गलत। विचार भी उतना ही भौतिक है जितना शरीर है — दोनों प्रकृति में आते हैं। शरीर और मन, दोनों एक ही तीसरे में मौजूद हैं — एक ऐसी एकता में, जो खुद को दो भागों में बांटती है। यही एकता आत्मा है — हमारा असली स्वरूप।

*

पृथ्वी और स्वर्ग के सभी भोगों की इच्छा छोड़ दो। इन्द्रियों पर काबू पाओ और मन को भी नियंत्रित करो। हर दुख को ऐसे सहो जैसे तुम्हें पता ही न हो कि तुम दुख में हो। आध्यात्मिक मुक्ति के अलावा और कुछ मत सोचो। गुरु पर, उनकी बातों पर और इस भरोसे पर टिके रहो कि तुम मुक्त हो सकते हो। जो भी हो रहा हो, हमेशा सोहम, सोहम कहो। खाते-पीते, चलते-फिरते, तकलीफ सहते हुए भी खुद से यही दोहराते रहो; मन से बार-बार यही कहो — कि जो कुछ दिखाई देता है, वह कभी सच नहीं था, सिर्फ "मैं" हूँ। जब पलकों की झपक लगेगी — सपना टूट जाएगा! दिन-रात सोचो कि यह सारा ब्रह्मांड शून्य है — बस ईश्वर ही है। मुक्ति की गहरी चाह रखो।

*

मन पर काबू पाने से पहले, हमें उसे समझना होगा। इस चंचल मन को पकड़ना होगा, उसे भटकने से रोकना होगा और एक विचार पर टिकाना होगा। बार-बार यही करना है। इच्छाशक्ति से मन को थामना होगा और उसे ईश्वर की महिमा पर टिकाना होगा।

मन को काबू में करने का आसान तरीका यह है कि शांत बैठो और मन को थोड़ी देर के लिए जैसे चाहे वैसे बहने दो। लेकिन यह सोच बनाए रखो — "मैं अपने मन को बहते हुए देखने वाला हूँ। मैं मन नहीं हूँ।" इसे ऐसे देखो जैसे यह तुमसे अलग कोई चीज़ है। खुद को ईश्वर से जोड़ो — कभी मन या शरीर से नहीं।

मन को सामने फैली हुई एक शांत झील की तरह देखो और उसके विचारों को पानी की सतह पर उठते और टूटते बुलबुले मानो। विचारों को रोकने की कोशिश न करो, बस उन्हें देखो और उनके साथ कल्पना में बहो। धीरे-धीरे ये घेरे कम होते जाएंगे। क्योंकि मन विचारों की कई परतों में फैला होता है, और

ये परतें तालाब में डले पत्थर के जैसे फैलती जाती हैं।

हमें इस प्रक्रिया को उलटना है — एक बड़े घेरे से शुरू करके उसे इतना छोटा करते जाना है कि अंत में मन एक बिंदु पर स्थिर हो जाए। हमेशा सोचते रहो — "मैं मन नहीं हूँ, मैं देख रहा हूँ कि मैं सोच रहा हूँ, मैं अपने मन को काम करते हुए देख रहा हूँ।" हर दिन, विचारों और भावनाओं से अपनी पहचान थोड़ी-थोड़ी कम करो, जब तक कि तुम यह पूरी तरह न जान लो कि मन तुमसे अलग है। जब यह होता है, तब मन तुम्हारा सेवक बन जाता है, जिसे तुम अपनी इच्छा से चला सकते हो। योगी बनने की पहली सीढ़ी है — इन्द्रियों से परे जाना। जब मन पर जीत मिलती है, तो वह सर्वोच्च स्तर पर पहुंच जाता है।

*

"अगर मैं मिट्टी का एक टुकड़ा जानता हूँ, तो मैं पूरी मिट्टी को जान सकता हूँ।" ब्रह्मांड एक ही तरह की योजना पर बना है। इंसान बस उसका एक छोटा हिस्सा है — जैसे मिट्टी का एक कण। अगर हम मानव आत्मा को जान लें — जो एक छोटा अणु है — उसकी शुरुआत और उसका पूरा इतिहास, तो हम पूरी प्रकृति को समझ सकते हैं।

जन्म, बढ़ना, विकास, टूटना और मृत्यु — यह क्रम पूरे ब्रह्मांड में है, चाहे वह पौधा हो या इंसान। फर्क बस समय का है। यह चक्र किसी चीज़ में एक दिन में पूरा हो सकता है, तो किसी में साठ साल और दस मिनट में। लेकिन तरीका एक ही रहता है। ब्रह्मांड को गहराई से समझने का सबसे सही रास्ता है — अपने ही मन का विश्लेषण करना।

धर्म को समझने के लिए सही मनोविज्ञान जरूरी है। केवल तर्क से सत्य तक पहुंचना नामुमकिन है, क्योंकि अधूरा तर्क अपने

ही आधार को नहीं समझ सकता। इसलिए मन को समझने का तरीका यह है कि पहले तथ्यों तक पहुँचा जाए, फिर बुद्धि उन्हें व्यवस्थित करे और उनसे सिद्धांत बनाए। बुद्धि को एक घर तैयार करना है, लेकिन बिना ईंटों के नहीं बना सकती — और खुद ईंटें बना भी नहीं सकती। ज्ञान-योग ही उन तथ्यों तक पहुँचने का सबसे पक्का रास्ता है।

*

हम आमतौर पर पदार्थ और मन में बहुत फर्क मानते हैं; हम सोचते हैं कि मन, पदार्थ से बिल्कुल अलग है। लेकिन असल में, ये दोनों एक ही प्रकृति हैं — जिनमें एक हिस्सा लगातार दूसरे हिस्से पर असर डालता है। पदार्थ अलग-अलग संवेदनाओं के ज़रिए मन पर असर करता है। ये संवेदनाएँ असल में ताकत ही होती हैं। बाहर से आने वाली शक्ति भीतर की शक्ति को जगाती है। बाहर के असर का जवाब देने की या उससे बचने की कोशिश में, अंदर की शक्ति जो प्रतिक्रिया करती है, वही विचार कहलाती है।

पदार्थ और मन असल में सिर्फ अलग-अलग रूपों की शक्ति हैं। अगर आप गहराई तक विश्लेषण करें, तो पाएँगे कि ये दोनों मूल रूप से एक ही हैं। जब बाहरी शक्ति किसी तरह अंदर की शक्ति को जगा सकती है, तो इसका मतलब है कि वे कहीं-न-कहीं एक-दूसरे से जुड़ी हैं — और इसलिए उन्हें निरंतर होना चाहिए, यानी वे एक ही शक्ति हैं। जब आप हर चीज़ की जड़ तक जाते हैं, तो वे सीधी और एक जैसी लगने लगती हैं। चूंकि एक ही शक्ति कभी पदार्थ और कभी मन के रूप में दिखाई देती है, इसलिए ऐसा मानने की कोई वजह नहीं है कि ये दोनों अलग हैं। मन पदार्थ में बदल सकता है, और पदार्थ मन में। विचारों की शक्ति तंत्रिका या पेशियों की शक्ति बन जाती है; और वही तंत्रिका और पेशी की शक्ति फिर से विचार बन जाती है। प्रकृति

बस शक्ति का खेल है — चाहे वह मन के रूप में हो या पदार्थ के। भौतिकवादी आदर्शवादी को डराता है कि वह प्रयोगशाला के तत्वों से ही मन को बना सकता है, जबकि वह खुद लगातार ऐसी किसी चीज़ को पाना चाहता है जो इन दोनों — बाहरी और अंदरूनी अनुभवों — से ऊपर हो, जिसे वह पदार्थ कहता है। वहीं आदर्शवादी यह साबित करना चाहता है कि सारे तत्व और कण उसी के विचार से निकले हैं, जबकि वह भी ऐसी कोई चीज़ देखने की कोशिश करता है जो मन और पदार्थ दोनों का कारण है, जिसे वह अकसर ईश्वर कहता है। बात ये है कि एक पक्ष पूरे ब्रह्मांड को उसकी बाहरी परत से समझाना चाहता है, और दूसरा उसकी अंदरूनी परत से। लेकिन ये दोनों कोशिशें अधूरी हैं। मन और पदार्थ एक-दूसरे की व्याख्या नहीं कर सकते। सच्चा उत्तर सिर्फ उस चीज़ में मिलेगा जो मन और पदार्थ दोनों को समेटे हुए है।

*

मन को आत्मा पहचानती है, लेकिन यह खुद रोशनी नहीं देता। आत्मा किसी चीज़ का कारण नहीं बन सकती। ऐसा क्यों? आत्मा कैसे प्रकृति से जुड़ सकती है? असल में, ऐसा नहीं होता — यह बस भ्रम है जो हमें ऐसा लगता है।

*

अब बात यह है कि इस प्राण का सही इस्तेमाल कैसे करें। हम सब इसका इस्तेमाल करते हैं, लेकिन यह दुख की बात है कि हम इसे व्यर्थ करते हैं। शुरुआत में पहला नियम यह है कि हर ज्ञान अनुभव से आता है। जो भी पाँच इंद्रियों से बाहर है, वह भी हमारे लिए सच तब ही बन सकता है जब हम उसे अनुभव करें।

हमारा मन तीन स्तरों पर काम करता है: अवचेतन, चेतन और

अतिचेतन। इंसानों में सिर्फ योगी ही अतिचेतन स्तर तक पहुंचते हैं। योग का असली मकसद मन के पार जाना है। इन तीनों को हम रोशनी या ध्वनि की तरंगों से समझ सकते हैं। कुछ प्रकाश इतनी धीमी तरंगों में होता है कि दिखता नहीं, फिर तेज़ होते-होते दिखने लगता है, और फिर इतना तेज़ हो जाता है कि फिर से नहीं दिखता। ध्वनि में भी यही होता है।

हम ये सीखना चाहते हैं कि बिना स्वास्थ्य को नुकसान पहुँचाए इंद्रियों से ऊपर कैसे जाया जाए। पश्चिमी सोच कुछ ऐसी मानसिक क्षमताओं को विकसित नहीं कर सकी जो असामान्य हैं और बीमारी मानी जाती हैं। लेकिन हिंदू ने इस विज्ञान का गहरा अध्ययन किया है और इसे इतना स्पष्ट बना दिया है कि अब इसे बिना डर के कोई भी सीख सकता है।

मानसिक उपचार अतिचेतन मन का एक बड़ा प्रमाण है, क्योंकि जो विचार इलाज करता है वह प्राण की एक खास तरंग है, और वह तरंग केवल विचार नहीं बल्कि उससे भी ऊँचा कुछ है, जिसे नाम नहीं दिया जा सकता।

*

हर विचार की तीन अवस्थाएँ होती हैं। पहली, जब वह उठता है लेकिन हमें पता नहीं चलता; दूसरी, जब वह सामने आता है; और तीसरी, जब वह चला जाता है। विचार पानी में उठते बुलबुले जैसा होता है। जब विचार इच्छा से जुड़ता है, तो वह शक्ति बन जाता है। जब आप किसी बीमार व्यक्ति की मदद करना चाहते हैं, तो उस पर जो असर होता है, वह विचार नहीं बल्कि शक्ति होती है। जो आत्मा इन सबके पीछे है, उसे संस्कृत में सूत्रात्मा यानी "धागे जैसी आत्मा" कहते हैं।

प्राण की सबसे ऊँची और अंतिम अभिव्यक्ति प्रेम है। जिस पल

आप प्राण से प्रेम पैदा कर लेते हैं, आप आज़ाद हो जाते हैं। यह सबसे कठिन और महान लक्ष्य है। दूसरों की आलोचना नहीं करनी चाहिए; खुद की करनी चाहिए। जब आप किसी शराबी को देखें, तो उसे मत कोसिए; सोचना चाहिए कि वह किसी और रूप में आप ही हैं। जिस व्यक्ति में अंधकार नहीं होता, वह दूसरों में अंधकार नहीं देखता। आप दूसरों में वही देखते हैं, जो आपके अंदर होता है। यही सुधार का सबसे सच्चा तरीका है। अगर वे सुधारक जो

पूर्वी दार्शनिकों ने इस विचार को माना — बल्कि उन्होंने इसे बताया — कि मन और इच्छा भी समय, स्थान और कारण के दायरे में आते हैं, ठीक वैसे ही जैसे हम सामान्य रूप से पदार्थ को समझते हैं। इसलिए ये भी कारण और परिणाम के नियमों से बंधे हुए हैं। हम जो कुछ भी सोचते हैं, वह समय में होता है; हमारे विचार समय से जुड़ते हैं; और जो कुछ भी है, वह समय और स्थान में ही मौजूद होता है। हर चीज़ कार्य-कारण के नियम से चलती है। हम जिसे पदार्थ और मन कहते हैं, वे वास्तव में एक ही चीज़ के दो रूप हैं। फर्क बस उनके कंपन की गति में होता है। जब कंपन की गति बहुत धीमी होती है, तो वही मन पदार्थ बन जाता है। और जब कंपन तेज़ होता है, तो वही पदार्थ मन के रूप में दिखता है। इसलिए दोनों एक ही तत्व हैं; और जैसे पदार्थ समय, स्थान और कारण से बंधा है, वैसे ही मन भी — जो कि बस उच्च गति से कंपन कर रहा वही पदार्थ है — उन्हीं नियमों में बंधा है। मन कभी पदार्थ बन जाता है, और पदार्थ कभी मन बन जाता है — यह सब सिर्फ कंपन की गति का फर्क है।

एक स्टील की छड़ लो और उसे इतना बल दो कि उसमें कंपन पैदा हो। फिर क्या होगा? अगर यह एक अंधेरे कमरे में किया जाए, तो सबसे पहले आपको एक आवाज सुनाई देगी — एक हल्की गूंज या भनभनाहट। बल और बढ़ाओ, और छड़ चमकने लगेगी। इसे और बढ़ाओ, और छड़ पूरी तरह गायब हो जाएगी

— वह मन बन जाएगी।

अब एक और उदाहरण लें: अगर मैं दस दिन तक कुछ नहीं खाऊँ, तो मैं सोच भी नहीं पाऊँगा। मेरे दिमाग में केवल बिखरे हुए विचार होंगे। मैं इतना कमजोर हो जाऊँगा कि शायद अपना नाम भी याद न रहे। लेकिन जब मैं कुछ रोटी खाता हूँ, थोड़ी ही देर में मैं फिर से सोचने लगता हूँ — दिमाग फिर से सक्रिय हो जाता है। रोटी मन में बदल गई है। इसी तरह, मन जब अपने कंपन को धीमा करता है, तो वह शरीर में प्रकट होता है और पदार्थ बन जाता है।

तो पहले क्या है — पदार्थ या मन? एक उदाहरण देखें: एक मुर्गी अंडा देती है, अंडे से दूसरी मुर्गी निकलती है, जो फिर अंडा देती है, और फिर से एक और मुर्गी निकलती है। यह सिलसिला चलता ही रहता है। अब सोचिए, पहले क्या था — अंडा या मुर्गी? आप ऐसा अंडा नहीं सोच सकते जिसे मुर्गी ने न दिया हो, या ऐसी मुर्गी जो अंडे से न निकली हो। इसलिए यह मायने नहीं रखता कि पहले क्या था। हमारे ज़्यादातर विचार ऐसे ही मुर्गी-अंडे के सवालों में उलझे रहते हैं।

सबसे बड़े सच अपनी सादगी की वजह से भुला दिए जाते हैं। महान सत्य हमेशा सीधे और सरल होते हैं, क्योंकि वे सब जगह लागू होते हैं। सच्चाई हमेशा सीधी होती है — जटिलता सिर्फ इंसानी अज्ञान की निशानी है।

*

प्राकृतिक विज्ञान सीखने के लिए जो सबसे सही किताब है, वह खुद प्रकृति की किताब है। और धर्म सीखने के लिए सही किताब है — आपका अपना मन और दिल। ऋषि अक्सर भौतिक विज्ञान को नहीं जानते, क्योंकि वे अंदर की किताब पढ़ते

हैं। और वैज्ञानिक धर्म को नहीं समझ पाते, क्योंकि वे बाहर की किताब पढ़ते हैं।

*

क्या आप बता सकते हैं कि यह "मैं" आखिर है कहाँ? आप किसी ऐसी चीज़ की मौत की बात कैसे कर सकते हैं जो कभी थी ही नहीं? इंसान बस एक झूठे अहंकार के भ्रम में रहता है। जब यह भ्रम हटता है, तो सारे भ्रम और सपने भी खत्म हो जाते हैं, और तब हम पाते हैं कि चाहे वह सबसे ऊँची सत्ता हो या घास का एक तिनका — सब एक ही आत्मा हैं। इस आत्मा को जानना और महसूस करना ज़रूरी है। पूजा या अभ्यास का मतलब बस इस आवरण को हटाना है। जब यह आवरण हटता है, तो आत्मा का सूर्य खुद अपनी पूरी चमक में दिखता है। आत्मा खुद ही रोशनी है, और इसे खुद ही जाना जा सकता है। जिसे केवल खुद से जाना जा सकता है, उसे किसी और चीज़ से कैसे जाना जा सकता है? इसीलिए श्रुति कहती है, "जो जानने वाला है, उसे किस साधन से जाना जाए?"

जो कुछ भी तुम जानते हो, वह सब मन के ज़रिए जानते हो। लेकिन मन भी एक भौतिक वस्तु है। यह इसलिए काम करता है क्योंकि इसके पीछे आत्मा है। तो तुम मन के ज़रिए आत्मा को कैसे जान सकते हो? असल में, मन आत्मा तक नहीं पहुँच सकता — यहाँ तक कि बुद्धि भी नहीं। हमारा सारा तर्क और सोच वहीं रुक जाती है। जब मन शांत हो जाता है और कुछ नहीं करता, तब वह खुद गायब हो जाता है — और तब आत्मा खुद को प्रकट करती है। शंकराचार्य ने इस अनुभव को "इंद्रियातीत बोध" कहा है।

*

बुद्धि और बाहरी चीजों के बीच फर्क बस मात्रा का है। आत्मा ही एकमात्र ऐसी चीज़ है जो पूरी तरह अमूर्त है। मन आत्मा का उपकरण है — एक ऐसा माध्यम जिससे आत्मा बाहरी चीजों को पकड़ती है। मन लगातार बदलता रहता है, कभी स्थिर नहीं होता। और जब यह पूरी तरह केंद्रित हो जाता है, तो वह एक से, कई से, या किसी से भी जुड़ सकता है। जैसे, अगर मैं बहुत ध्यान से घड़ी की आवाज़ सुन रहा हूँ, तो शायद मैं कुछ देख न पाऊँ, भले मेरी आँखें खुली हों — इसका मतलब है कि मन उस वक्त देखने से नहीं, सुनने से जुड़ा था। लेकिन अगर मन पूरा एकत्र हो, तो वह एक साथ सभी इन्द्रियों से जुड़ सकता है। और उसमें यह ताकत होती है कि वह खुद की गहराई में झाँक सके। यही शक्ति योगी पाना चाहता है — मन को भीतर की ओर मोड़कर, वह यह जानना चाहता है कि अंदर क्या चल रहा है। यह केवल आस्था की बात नहीं है — यह कुछ दार्शनिकों के विश्लेषण पर आधारित बात है।

*

मन सर्वव्यापी है और इसे कहीं भी महसूस किया और सुना जा सकता है।

*

राजयोग का विज्ञान हमें भीतर की अवस्थाओं को देखने का तरीका देता है। यह तरीका खुद मन है। जब ध्यान की शक्ति को सही दिशा में, भीतर की ओर लगाया जाता है, तो मन खुद का विश्लेषण करता है और सच्चाई को हमारे सामने लाता है।

मन की शक्तियाँ बिखरे हुए प्रकाश की किरणों जैसी होती हैं; जब इन्हें केंद्रित किया जाता है, तो ये चीजों को रोशन कर देती हैं। यही हमारा ज्ञान पाने का असली तरीका है। हर कोई इसका

इस्तेमाल कर रहा है — बाहरी और अंदर की दुनिया में भी। लेकिन, एक मनोवैज्ञानिक के लिए यही बारीकी से देखने की प्रक्रिया अंदर की ओर होनी चाहिए, जैसे एक वैज्ञानिक बाहर की ओर ध्यान लगाता है। और इसके लिए बहुत अभ्यास चाहिए।

बचपन से ही हमें सिर्फ बाहरी चीजों को देखना सिखाया गया है, भीतर की नहीं। इसलिए ज़्यादातर लोगों ने अंदर देखने की शक्ति खो दी है। मन को भीतर मोड़ना, उसे बाहर जाने से रोकना, उसकी सभी ताकत को एक जगह एकत्र करना और उसे खुद पर लगाना — ताकि वह खुद को समझ सके और विश्लेषण कर सके — बहुत कठिन है। लेकिन यही एकमात्र रास्ता है जो किसी भी विषय को वैज्ञानिक नजरिए से देखने जैसा होगा।

*

जितना अधिक मन शुद्ध होता है, उतना ही उसे नियंत्रित करना आसान होता है। अगर आप मन को काबू करना चाहते हैं, तो उसकी शुद्धता पर ध्यान देना जरूरी है। केवल मानसिक ताकतों को पाने की लालसा मत रखो। उन्हें छोड़ दो। जो सिर्फ शक्तियाँ चाहता है, वही उन्हीं शक्तियों का गुलाम बन जाता है। ज़्यादातर लोग जो ताकतों की चाह रखते हैं, वे उसी में उलझ जाते हैं।

पूरी नैतिकता ही मन पर पूरी तरह नियंत्रण का मूल है। जो व्यक्ति पूरी तरह नैतिक होता है, उसे कुछ और नहीं करना होता — वह पहले से ही आज़ाद होता है। ऐसा इंसान किसी को नुकसान नहीं पहुँचा सकता। जो भी आज़ाद होना चाहता है, उसे अहिंसा अपनानी ही होगी। जिसने पूरी तरह अहिंसा पा ली है, वह सबसे ताकतवर होता है। उसकी उपस्थिति में कोई झगड़ नहीं सकता, कोई लड़ाई नहीं कर सकता। उनकी उपस्थिति ही शांति और प्रेम का प्रतीक होती है, चाहे वे कहीं भी हों। उनके पास होने से

ही वातावरण शांत हो जाता है। यहाँ तक कि हिंसक जानवर भी उनके सामने शांत रहते थे।

*

मैं एक ऐसे योगी को जानता था जो बहुत वृद्ध थे और अकेले ज़मीन में एक गड्ढे में रहते थे। उनके पास खाने के लिए बस एक-दो बर्तन थे। वे बहुत थोड़ा खाते थे, मुश्किल से कुछ पहनते थे, और अपना ज़्यादातर समय ध्यान में बिताते थे।

उनके लिए सभी लोग एक जैसे थे। उन्होंने अहिंसा को पूरी तरह अपनाया था। वे हर चीज़, हर इंसान और हर जानवर में आत्मा को देखते थे — वही आत्मा जो ब्रह्मांड का ईश्वर है। उनके लिए हर इंसान और जानवर "मेरा भगवान" था। उन्होंने कभी किसी को किसी और रूप में नहीं देखा और न ही किसी और तरीके से बुलाया।

एक बार एक चोर उनके रास्ते में आया और उनका एक पान चुरा लिया। उन्होंने उसे देखा और उसके पीछे भागने लगे। पीछा लंबा चला।

आखिरकार चोर थक कर रुक गया, और योगी उसके पास दौड़कर आए, घुटनों के बल गिर पड़े और बोले, "मेरे भगवान, आपने मेरे सामने आकर मुझे सम्मान दिया। कृपया एक और पान लेने की कृपा करें। यह भी आपका ही है।"

यह बूढ़े योगी अब नहीं रहे। वे हर चीज़ से बेहद प्रेम करते थे। वे एक चींटी के लिए भी जान दे सकते थे। जंगली जानवर उन्हें स्वाभाविक रूप से दोस्त मानते थे। सांप और हिंसक जानवर उनके पास चले आते और उनके साथ सोते। वे सभी उनसे प्रेम

करते थे और उनकी उपस्थिति में कभी नहीं लड़ते थे।

*

अतिचेतन ही हमारा अंतिम लक्ष्य है। जब यह अवस्था मिल जाती है, तब इंसान दिव्यता को पा लेता है और मुक्त हो जाता है। तब एक ऐसा प्रशिक्षित मन, जो सब कुछ पार कर सकता है, इस ब्रह्मांड के रहस्यों को धीरे-धीरे खोलने लगता है। प्रकृति की किताब जैसे अध्यायों में पढ़ी जाती है, वैसे ही एक-एक करके सब कुछ समझ में आने लगता है — जब तक कि हम अपने लक्ष्य तक न पहुँच जाएँ और जीवन-मृत्यु की इस दुनिया से उस एकता में प्रवेश न कर लें, जहाँ जीवन और मृत्यु का कोई नाम नहीं है — जहाँ हम सत्य को जान जाते हैं और खुद सत्य बन जाते हैं।

सबसे पहली ज़रूरत है एक शांत और स्थिर जीवन की। अगर मुझे अपना पेट पालने के लिए दिनभर इधर-उधर दौड़ना पड़े, तो इस जीवन में कुछ ऊँचा पाना बहुत मुश्किल हो जाता है। शायद किसी अगले जन्म में मुझे बेहतर हालात मिलें। लेकिन अगर मैं सच में ईमानदार हूँ, तो ये हालात इस जीवन में भी बदल सकते हैं।

क्या कभी ऐसा हुआ कि आपको कोई चीज़ नहीं मिली जिसे आपने सच में चाहा हो? ऐसा नहीं हो सकता। क्योंकि यही इच्छा है जो आपके शरीर को बनाती है। यही वह रोशनी है जिसने आपकी खोपड़ी में आँखों के लिए रास्ता बनाया। अगर रोशनी न होती, तो आँखें भी न होतीं। ध्वनि ने ही कानों को जन्म दिया। जिस चीज़ को अनुभव करना था, वह पहले से मौजूद थी — तभी उसके लिए अंग बने। हजारों साल पहले हमारे शरीर में ऐसे अंग हो सकते थे जो बिजली या दूसरी चीजों को समझ सकते थे।

शांत मन में कोई इच्छा नहीं होती। जब तक बाहर कुछ ऐसा न हो जिसे पाने की ज़रूरत हो, तब तक इच्छा पैदा नहीं होती।

*

यह मन उस सार्वभौमिक मन का हिस्सा है। हर मन दूसरे हर मन से जुड़ा होता है। और हर मन, चाहे वह कहीं भी हो, पूरी दुनिया से जुड़ा रहता है और लगातार संवाद करता है।

*

मन को हमेशा भगवान की ओर ही जाना चाहिए। कोई और चीज इसे रोक नहीं सकती। मन को हर समय भगवान का ध्यान करना चाहिए, चाहे यह बहुत मुश्किल क्यों न हो; लेकिन लगातार अभ्यास से यह संभव है। हम आज जो हैं, वह हमारे पिछले अभ्यासों का ही नतीजा है। तो, अब हमें वैसा अभ्यास करना होगा जैसा हम बनना चाहते हैं। एक दिशा में चलने से हम इस स्थिति तक पहुँचे हैं, अब दूसरी दिशा में चलें — और जितनी जल्दी हो सके इस चक्र से बाहर निकल जाएँ। इंद्रियों के पीछे भागने से हम यहाँ तक आए — एक पल रोना, दूसरे पल हँसना, हर हवा के झोंके के साथ बदलना, हर चीज़ के गुलाम बनना। यह दुख की बात है, और फिर भी हम खुद को आत्मा कहते हैं। अब उलटी दिशा में जाओ — भगवान का ध्यान करो। मन को किसी भी शारीरिक या मानसिक सुख के बारे में सोचने मत दो, बस भगवान के बारे में सोचने दो। जब मन दूसरी चीज सोचने लगे, तो उसे ज़ोर से झटका दो, ताकि वह दोबारा भगवान की ओर मुड़ जाए। जैसे एक बर्तन से दूसरे में गिरता हुआ तेल सीधी धार में बहता है, जैसे दूर की घंटियों की आवाज़ एक लगातार गूंज की तरह कानों में पड़ती है — वैसे ही मन को लगातार भगवान की ओर बहना चाहिए। इस अभ्यास को सिर्फ मन पर नहीं, इंद्रियों पर भी लागू करना चाहिए। बेकार की बातें

सुनने की बजाय भगवान की बातें सुनो; बेकार की बातें करने की बजाय भगवान के बारे में बोलो। फालतू किताबें पढ़ने की बजाय वे किताबें पढ़ो जो भगवान के बारे में बताती हैं।

*

आप किसी बाहरी कानून से बंधे नहीं हैं। वह नियम आपके स्वभाव के अंदर है। मन प्रकृति का हिस्सा है, और वह नियमों से बंधा हुआ है। पूरी प्रकृति अपने ही बनाए नियमों से चलती है, और इन नियमों को तोड़ा नहीं जा सकता। अगर आप प्रकृति का कोई नियम तोड़ दो, तो पूरी प्रकृति उसी पल खत्म हो जाएगी — फिर कोई भी प्रकृति नहीं बचेगी। लेकिन जो इंसान सच्ची आज़ादी पाता है, वह इन नियमों से ऊपर उठ जाता है। उसके लिए प्रकृति बेमतलब हो जाती है और उसका उस पर कोई असर नहीं रहता। हर व्यक्ति जीवन में केवल एक बार और हमेशा के लिए उस नियम को तोड़ेगा — और जब वह ऐसा करेगा, तब उसके लिए प्रकृति का खेल हमेशा के लिए खत्म हो जाएगा।

मन की शक्ति:
एकाग्रता, नियंत्रण और स्वतंत्रता

मन ही बंधन का कारण है और वही मुक्ति की चाबी भी है। इंसान जो भी बनता है, वह इस पर निर्भर करता है कि वह अपने मन का इस्तेमाल और दिशा कैसे देता है। यह हमें मिला ऐसा औज़ार है, जिससे हम अपना भाग्य बना सकते हैं, सच्चाई को जान सकते हैं और अपने को समझ सकते हैं।

जब मन बिखरा होता है, तो वह कमजोर होता है। लेकिन जब वह एक जगह केंद्रित होता है, तो वह बहुत बड़ी शक्ति बन जाता है। हर बड़ी खोज, आविष्कार या आध्यात्मिक अनुभव केंद्रित विचार की देन है। चाहे वह वैज्ञानिक हो जो अदृश्य जगत को समझना चाहता है या योगी हो जो चेतना की गहराई में उतरता है — दोनों के लिए एकाग्रता ज़रूरी है।

एकाग्रता क्या है? यह मन को एक ही चीज़ या विचार पर टिकाए रखने की क्षमता है। यह कोई रहस्य नहीं, बल्कि एक अभ्यास करने योग्य शक्ति है। वही मन, जो हर समय एक इच्छा से दूसरी ओर भागता है, उसे शांत और आज्ञाकारी बनाया जा सकता है। जैसे एक लेंस से सूर्य की किरणें एक जगह एकत्र होकर आग लगा सकती हैं, वैसे ही केंद्रित मन आत्मा को प्रकाशित कर सकता है।

सच्ची शक्ति मन पर नियंत्रण में है। सबसे ताकतवर वही है जो खुद को जीत ले। जो अपने मन से कह सके, "शांत हो जा," और उसका मन उसकी बात माने — वही सच्चा आज़ाद है।

हम अपने ही विचारों के गुलाम हैं। वे हमें खींचकर स्मृतियों,

कल्पनाओं, डर और इच्छाओं में ले जाते हैं। वे हमें एक झूठी दुनिया दिखाते हैं, और हम उस पर यकीन कर लेते हैं।

मुक्ति की पहली सीढ़ी यह समझना है कि आप मन नहीं हैं। आप वह हैं जो मन को उसके खेल खेलते देख रहे हैं।

मन को देखना ही उसे आज़ाद करने की शुरुआत है। बस शांत होकर बैठो। मन को भागने दो, बेचैन होने दो। लेकिन आप सिर्फ देखने वाले बने रहो। शुरुआत में, मन बगावत करेगा। वह आपको हर आवाज़, तस्वीर, पछतावे और इच्छा की ओर खींचेगा। उसे जाने दो। समय के साथ, धैर्य और निरंतर अभ्यास से, वह झुक जाएगा।

हर बड़ा आध्यात्मिक अभ्यास यहीं से शुरू होता है — किसी रस्म या आस्था से नहीं, बल्कि ध्यान की क्षमता से। जो इंसान एक विचार को भी स्थिर नहीं रख सकता, वह सत्य को नहीं पा सकता। सत्य पाने के लिए मन की शांति, साफ़ समझ और मौन चाहिए।

हमारे ग्रंथ कहते हैं, "इंद्रियों को नियंत्रित करो, मन को नियंत्रित करो, तब भाग्य को नियंत्रित करोगे।" इंद्रियाँ वे दरवाज़े हैं जिनसे दुनिया अंदर आती है और मन को भटकाती है। मन उनके इशारों पर चलता है। लेकिन जब इंद्रियों को काबू में कर लिया जाता है, तो मन भी शांत हो जाता है। और इसी शांति में ज्ञान पैदा होता है।

अक्सर लोग गतिविधि को शक्ति मान लेते हैं। लेकिन असली शक्ति स्थिर रहने की क्षमता में है। नदी बहती है, तूफान आता है — लेकिन योगी अडिग रहता है। यह कमजोरी नहीं, बल्कि वह शक्ति है जो दुनिया के आकर्षण को ठुकराने, सुख को टालने,

दर्द को सहने, और तारीफ़ व निंदा दोनों को समान भाव से लेने की ताकत देती है।

ध्यान इस शक्ति की प्रयोगशाला है। यह बिखरे हुए मन को इकट्ठा करके भीतर की ओर मोड़ने का अभ्यास है। जब आप ध्यान में बैठते हैं, तो सब कुछ उभरता है — शोर, विचार, यादें। फिर भी बैठे रहो। हर बार जब आप मन को वापस एक जगह लाते हैं, तो आप उसे तेज करते हैं। यह उसी तरह है जैसे जंगली घोड़े को काबू में करना — धीरे, मजबूती से और धैर्य के साथ।

सबसे ऊँचा लक्ष्य सिर्फ एकाग्रता नहीं, बल्कि तल्लीनता है — एक ऐसी स्थिति जहाँ मन पूरी तरह स्थिर हो जाता है और केवल आत्मा की रोशनी दिखती है। इसी को ध्यान कहते हैं, और इसके बाद समाधि आती है, जहाँ "मैं" की भावना भी मिट जाती है। यह कोई बेहोशी नहीं, बल्कि सबसे ऊँची जागरूकता है, जहाँ जानने वाला, जाने जाने वाला और जानना — तीनों एक हो जाते हैं।

जब मन पर नियंत्रण हो जाता है, तो उसकी शक्ति किसी भी बाहरी शक्ति से ज़्यादा होती है। वही इंसान दुनिया का मालिक बनता है जिसने खुद को जीत लिया है। जो देश जीत लेता है, वह भी उस इंसान से कमतर है जो विचारों पर विजय पा चुका है।

लेकिन हमें दमन को नियंत्रण समझने की गलती नहीं करनी चाहिए। सच्चा नियंत्रण हर विचार से लड़ने में नहीं, बल्कि उन्हें शांति से पार करने में है। जब ऊँचे विचार आते हैं, तो छोटे विचार खुद ही हट जाते हैं। डर को ज्ञान से, लालच को अनुशासन से, गुस्से को करुणा से बदलो। मन वही बनता है जो उसे दिया जाता है।

इस रास्ते पर वैराग्य ज़रूरी है। मन हमेशा खुद को शरीर,

भावनाओं, नाम, पद या संपत्ति से जोड़ लेता है। ये सभी जंजीरें हैं। ध्यान के लिए इन सब परतों को हटाना ज़रूरी है ताकि हम उस तक पहुँच सकें जो सदा एक जैसा है और कुछ भी नहीं छू सकता।

शिक्षा को भी इसी दिशा में काम करना चाहिए। सिर्फ जानकारी इकट्ठा करना काफी नहीं — ध्यान को तेज करना, इच्छाशक्ति को मजबूत करना, किसी विचार को थामे रखने और उसे गहराई से समझने की ताकत चाहिए। हमारी पुरानी शिक्षा प्रणाली ने इसे समझा था। असली शिक्षा कभी नौकरी के लिए नहीं, बल्कि चरित्र के लिए होती थी। और चरित्र, मन पर नियंत्रण की आग में ढलता है।

योग सिर्फ शरीर की मुद्राएँ नहीं है। योग तब है जब मन के उतार-चढ़ाव रुक जाते हैं। एक शांत मन ही आत्मिक प्रगति की निशानी है। चाहे वह गुफा में हो या भीड़ में, अमीर हो या गरीब — जिसने अपने मन को जीत लिया, वही आज़ाद है।

दुनिया बदले तो बदलने दो। शरीर बूढ़ा हो जाए, तो होने दो। सफलता आए या जाए — फर्क नहीं पड़ता। जिस मन में शांति है, वह इन सबसे नहीं हिलता। यही असली ताकत है — औरों को नहीं, बल्कि हर परिस्थिति में खुद को स्थिर रखने की ताकत।

इसलिए, जहाँ भी हो, वहीं से शुरुआत करो। एक विचार चुनो। उसी पर बार-बार लौटो। रोज़ अभ्यास करो। भीतर की शांति को खोजो। अपनी प्रतिक्रियाओं पर ध्यान दो। ध्यान को वापस खींचो। बाहर की आवाज़ों को वैसे ही गुज़रने दो जैसे खिड़की के बाहर से हवा गुज़रती है।

जो अपने मन को जीत लेता है, वही अपने भाग्य को भी जीत लेता है।

कार्य

पूरी तरह समर्पित हो जाओ, और पूरी तरह उदासीन भी — तभी तुम कोई सच्चा काम कर सकते हो। असली ताकतें आंखों से नहीं देखी जा सकतीं; हम सिर्फ उनके असर देख सकते हैं। खुद को बीच से हटा दो, अपने बारे में भूल जाओ — भगवान को काम करने दो, वही उसका काम है।

*

सिर्फ काम करके ही इंसान उस जगह पहुँच सकता है जहाँ बुद्ध ध्यान से या ईसा मसीह प्रार्थना से पहुँचे थे। बुद्ध एक कर्मयोगी ज्ञानी थे, और ईसा मसीह भक्त थे — लेकिन दोनों ने एक ही मंज़िल पाई।

*

क्या वह इंसान सच में आज़ादी का हकदार है जो खुद दूसरों को आज़ादी देने को तैयार नहीं? हमें अपनी ऊर्जा बेकार की चिंता या गुस्से में नहीं लगानी चाहिए — शांति से काम करना चाहिए।

*

हर बड़ा काम तीन चरणों से गुजरता है — पहले लोग उसका मज़ाक उड़ाते हैं, फिर उसका विरोध करते हैं, और आखिर में उसे स्वीकार कर लेते हैं। जो लोग समय से आगे सोचते हैं, उन्हें गलत समझा ही जाएगा।

*

सबसे साधारण इंसान भी कोई काम कर सकता है अगर वह उसके दिल के अनुसार हो। लेकिन असली बुद्धिमान वे हैं जो हर काम को अपने स्वाद और तरीके के अनुसार ढाल सकते हैं।

कोई भी काम छोटा नहीं होता। इस दुनिया की हर चीज़ बरगद के बीज की तरह है — दिखने में सरसों के दाने जितना छोटा, लेकिन उसके अंदर एक विशाल बरगद छिपा होता है। जो यह समझ लेता है और हर काम को महान बना देता है, वही सच्चा बुद्धिमान है।

*

हम सोचते हैं कि जो कुछ लोगों को अचानक मिल जाता है, वे उसके लिए बहुत समय से, धीरे-धीरे और लगातार मेहनत कर रहे होते हैं।

*

जो काम सच में महान होता है, उसमें इंसानों की बात छोड़ो — भगवान भी आकर उसका साथ देते हैं।

*

काम सिर्फ काम के लिए करना एक अच्छा अभ्यास है — यहाँ तक कि जब आपको अपने परिश्रम का फल भोगने की अनुमति भी न हो।

*

अब कोई बहाने या बेमतलब की बातें नहीं, अब सिर्फ असली काम।

कोई भी कोशिश बेकार नहीं जाएगी, कोई भी संघर्ष व्यर्थ नहीं होगा...

बस काम करो, काम करो, काम करो।

*

हमारी सबसे बड़ी गलती यह है कि हम आदर्श की ओर इतने खिंच जाते हैं — लक्ष्य इतना सुंदर और आकर्षक लगता है, कि हम छोटे-छोटे कामों और ज़रूरी बातों को पूरी तरह भूल जाते हैं... मैंने अपने जीवन में सबसे अहम बात यह सीखी है कि जिस तरह हम लक्ष्य को महत्व देते हैं, उसी तरह हमें उस तक पहुँचने के रास्ते को भी महत्व देना चाहिए। मैंने यह एक महान व्यक्ति से सीखा, जिनका जीवन इस विचार का सजीव उदाहरण था। मैं इस एक सिद्धांत से बार-बार बहुत कुछ सीखता रहा हूँ, और मुझे लगता है कि सफलता की असली कुंजी यही है — रास्ते और लक्ष्य दोनों को बराबर समझना।

*

जो इंसान कहता है कि "मैं तब काम करूँगा जब दुनिया बदल जाएगी, और फिर मज़े लूँगा," उसकी सफलता उतनी ही मुश्किल है जितनी उस आदमी की जो गंगा किनारे बैठकर कहता है, "जब सारा पानी समुद्र में चला जाएगा, तब मैं नदी पार करूँगा।"

हर काम में अच्छा और बुरा दोनों होता है। ऐसा कोई भी अच्छा काम नहीं है जिसमें थोड़ा-सा भी बुरा न जुड़ा हो। जैसे आग के आसपास धुआँ होता है, वैसे ही किसी भी काम से थोड़ी-बहुत बुराई जुड़ी रहती है। इसलिए हमें ऐसे काम चुनने चाहिए जिनसे सबसे ज़्यादा भलाई हो और सबसे कम बुराई।

*

सूर्य = ज्ञान। तूफानी पानी = काम। कमल = प्रेम। सर्प = योग। हंस = आत्मा। आदर्श वाक्य = हंस (परमात्मा) हमें वह भेजे। यह पूरा प्रतीक मन रूपी झील को दर्शाता है।

(स्वामी विवेकानंद द्वारा रामकृष्ण मिशन के चिन्ह की व्याख्या)

*

कुछ रचनाएँ ऐसी होती हैं जो कई छोटी-छोटी रचनाओं के जोड़ से बनी होती हैं। जैसे जब हम समुद्र के किनारे खड़े होकर लहरों को लकड़ी से टकराते हुए सुनते हैं, तो वह एक बड़ा शोर लगता है, लेकिन हम जानते हैं कि एक लहर असल में लाखों-करोड़ों छोटी-छोटी तरंगों से मिलकर बनी होती है। इन सभी की अपनी आवाज़ होती है, लेकिन हमें वह तब तक सुनाई नहीं देती जब तक वे मिलकर एक बड़ी ध्वनि नहीं बना लेतीं। इसी तरह, दिल की हर धड़कन एक काम है। कुछ काम ऐसे होते हैं जिन्हें हम महसूस करते हैं, और वे हमारे सामने दिखाई देने वाले काम बन जाते हैं; लेकिन वे भी बहुत सी छोटी-छोटी रचनाओं का मिलाजुला परिणाम होते हैं।

अगर आप किसी व्यक्ति के चरित्र को सही मायने में समझना चाहते हैं, तो उसके बहुत बड़े कामों को न देखें। हर मूर्ख कभी न कभी किसी मौके पर नायक बन सकता है। किसी को तब देखिए जब वह रोज़मर्रा के सामान्य काम कर रहा हो — क्योंकि यही साधारण काम उस व्यक्ति के असली चरित्र के बारे में आपको सच बताएँगे। बड़े मौके अक्सर साधारण लोगों को भी कुछ खास बना देते हैं, लेकिन सच्चा महान् वही होता है जिसका चरित्र हर परिस्थिति में एक जैसा और ऊँचा बना रहता है।

*

यह दुनिया डरपोक लोगों के लिए नहीं है। उड़ने की कोशिश मत करो। सफलता या असफलता की चिंता मत करो। खुद को पूरी तरह निःस्वार्थ संकल्प से जोड़ो और काम करते रहो। समझ लो कि जो मन सफलता की इच्छा से उठता है, वही संकल्प के साथ जुड़ता है और मजबूत बनता है। तुम्हारा अधिकार सिर्फ काम करने में है, लेकिन इतनी गिरावट मत लाओ कि तुम परिणाम की इच्छा करने लगो। लगातार काम करो, लेकिन काम के पीछे कुछ गहरा अर्थ देखो। अच्छे कर्म भी इंसान को बाँध सकते हैं। इसलिए अच्छे काम, नाम या शोहरत की इच्छा में मत उलझो। जो इस रहस्य को समझते हैं, वे जन्म और मृत्यु के इस चक्र से पार होकर अमर हो जाते हैं।

*

कर्म से मुक्त होने के लिए, बिना इच्छा के और बिना फल की चिंता के कर्म करते रहो। ऐसा काम ज्ञान की ओर ले जाता है, और वह ज्ञान अंत में मुक्ति देता है। जानने से पहले काम छोड़ने से दुख होता है। जब काम खुद के लिए होता है, तब वह बंधन नहीं बनता। न सुख की चाह रखो, न काम से दुख का डर। यह मन और शरीर हैं जो काम करते हैं, मैं नहीं। अपने आप से बार-बार कहो और महसूस करो कि मैं काम नहीं कर रहा। काम को ठीक से करने के लिए... सबसे पहले आसक्ति को छोड़ना होगा। दूसरे, विवादों में मत पड़ो, खुद को बस एक देखने वाला मानकर काम करो। मेरे गुरु कहा करते थे, “अपने बच्चों को नर्स की तरह देखो।” नर्स बच्चे को गोद में लेगी, उसे प्यार करेगी, उसके साथ खेलेगी और ऐसा व्यवहार करेगी जैसे वह उसका अपना बच्चा हो; लेकिन जैसे ही आप कहेंगे कि काम खत्म हुआ, वह अपना बैग उठाकर तुरंत चली जाएगी। वह जुड़ी नहीं होती, बस अपना काम करती है।

*

गीता में भी यही सिखाया गया है कि हमें काम करना है — पूरे मन से, पूरी ताकत से, बिना रुके। जो भी काम हम करें, उसमें पूरी लगन होनी चाहिए। साथ ही, हमें उससे आसक्त नहीं होना चाहिए। यानी, हमें किसी भी दूसरी बात से भटकना नहीं चाहिए; लेकिन जब समय आए, तो उस काम को छोड़ने के लिए भी तैयार रहना चाहिए।

*

हम भगवद्गीता में बार-बार पढ़ते हैं कि हमें हमेशा काम करते रहना चाहिए। हर काम में अच्छा और बुरा दोनों होता है। कोई भी ऐसा काम नहीं है जो कहीं न कहीं कुछ अच्छा न करे, और ऐसा कोई काम भी नहीं है जो किसी न किसी रूप में नुकसान न पहुंचाए। हर काम में अच्छाई और बुराई का मेल होता है — फिर भी गीता हमें लगातार काम करने को कहती है। अच्छे काम का अच्छा असर होगा, बुरे काम का बुरा असर — ये अपने-अपने कर्म पैदा करेंगे। लेकिन दोनों ही, अच्छा और बुरा, आत्मा को बाँधते हैं। गीता इस बंधन से निकलने का उपाय बताती है: अगर हम काम करते वक्त उसमें खुद को नहीं जोड़ते, तो वह आत्मा पर असर नहीं डालता। अब हम यह समझने की कोशिश करेंगे कि काम को बिना जुड़ाव के कैसे किया जाए।

*

जब भी काम करो, तो उसी में पूरे मन से लगो। और कुछ मत सोचो। उसे पूजा की तरह करो।

*

काम और पूजा का मकसद है परदा हटाना — आत्मा को बंधन और भ्रम से मुक्त करना।

*

विचार के लिए काम करो, किसी व्यक्ति के लिए नहीं।

लगातार काम करो, लेकिन उसमें बंधो मत।

काम करते रहो, बहादुर बनो, हार मत मानो — 'ना' मत कहो। काम करते रहो — भगवान हर काम के पीछे है। महाशक्ति तुम्हारे साथ है।

काम करते रहो! रुको नहीं! बहादुर बनो! कुछ भी करने की हिम्मत रखो!

काम करते रहो, मेरे बहादुर साथियों। एक दिन रोशनी ज़रूर दिखेगी। सब चीज़ें धीरे-धीरे ही बनती हैं। रोम भी एक दिन में नहीं बना था।

दिल से काम करो।

उत्साह से काम करो।

*

एक शेर जैसी निडरता से काम करो, लेकिन फूल जैसी कोमलता के साथ।

इस देश और पूरी दुनिया के कल्याण के लिए काम करो — यह

सोचकर कि पूरा ज़िम्मा तुम्हारे कंधों पर है।

आज़ादी के साथ काम करो! प्रेम के साथ काम करो! "प्रेम" शब्द को समझना मुश्किल है — प्रेम तब तक नहीं आता जब तक आज़ादी न हो। एक गुलाम सच्चा प्रेम नहीं कर सकता।

मृत्यु तक काम करो — मैं तुम्हारे साथ हूँ। और जब मैं न रहूँ, मेरी आत्मा तब भी तुम्हारे साथ काम करेगी।

*

काम करो, काम करो — अपने प्रेम से सबको जीत लो!

काम करो, काम करो — क्योंकि दूसरों की भलाई के लिए काम करना ही असली जीवन है।

काम करो — विचार पर काम करो, योजना पर काम करो — मेरे बहादुर, अच्छे, महान बच्चों — चक्र पर, चक्र पर अपने कंधे लगा दो!

*

काम, काम, काम — यही तुम्हारा आदर्श होना चाहिए।

*

एक पुरानी कहानी सुनो। एक आलसी आदमी सड़क पर चलते हुए एक बूढ़े को उसके घर के दरवाज़े पर बैठा देखता है और रुककर उससे किसी गाँव का रास्ता पूछता है। वह कहता है, "यह गाँव कितनी दूर है?" लेकिन बूढ़ा कुछ नहीं बोलता। वह

कई बार सवाल दोहराता, फिर भी कोई जवाब नहीं मिलता। निराश होकर वह जाने को मुड़ता है। तभी बूढ़ा खड़ा होता है और कहता है, "वो गाँव यहाँ से सिर्फ एक मील दूर है।" "क्या!" आदमी चौंककर कहता है, "जब मैंने पहले पूछा था तब तुमने जवाब क्यों नहीं दिया?" बूढ़ा मुस्कराकर कहता है, "तब तुम्हारा रवैया बहुत ढीला और लापरवाह था। अब तुम सच्चे इरादे से चलने लगे हो, इसलिए अब जवाब देना सही है।"

क्या तुम ये कहानी याद रखोगे, मेरे बेटे? काम शुरू करो, बाकी सब अपने आप होगा। "जो मुझ पर सीधे भरोसा नहीं करता, लेकिन फिर भी मुझ पर भरोसा करता है, मैं उसकी सभी ज़रूरतें पूरी करता हूँ" (गीता, IX. 22)। यह कोई कल्पना नहीं है। सबसे मामूली काम भी कम नहीं हैं। जो कुछ बेहतर नहीं जानता, वह भले स्वार्थ या नाम के लिए काम करे — लेकिन हर किसी को हमेशा ऊँचे मकसद को जानने और पाने की कोशिश करनी चाहिए। "हमें काम करने का अधिकार है, लेकिन उसके फल का नहीं:" फल की चिंता छोड़ दो। परिणाम के बारे में क्यों सोचते हो? अगर तुम किसी की मदद करना चाहते हो, तो ये मत सोचो कि वह इंसान तुम्हारे लिए क्या सोचेगा। अगर तुम कोई बड़ा या अच्छा काम करना चाहते हो, तो यह मत सोचो कि उसका नतीजा क्या होगा।

धैर्य

क्या कोई महान काम कभी आसानी से पूरा होता है? उसके लिए समय चाहिए, धैर्य चाहिए, और एक न हार मानने वाली इच्छा शक्ति होनी चाहिए।

*

हर काम को सफल होने से पहले सैकड़ों मुश्किलों का सामना करना पड़ता है। लेकिन जो लोग डटे रहते हैं, उन्हें देर-सबेर सफलता ज़रूर मिलती है।

*

"भाग्य बहादुर और जोश से भरे लोगों का साथ देता है।" पीछे मत देखो — बस आगे देखो। तुम्हारे पास होना चाहिए: अनंत ऊर्जा, अनंत जोश, अनंत हिम्मत और अनंत धैर्य — तभी तुम कोई बड़ा काम कर सकते हो। हमें पूरी दुनिया में यह जोश फैलाना है।

*

अंदर आग जलाओ और उसे हर दिशा में फैलाओ। काम करो, काम करो। जब नेतृत्व करो तो सेवक बनकर करो। निःस्वार्थ बनो, और कभी किसी दोस्त को दूसरे की शिकायत करते हुए मत सुनो। धैर्य रखो, बहुत सारा धैर्य — सफलता तुम्हारी होगी।

*

धैर्य रखो, और आखिरी साँस तक सच्चे रहो। आपस में मत लड़ो। पैसों के मामले में बिल्कुल साफ-सुथरे रहो... हम फिर भी महान काम करेंगे... जब तक तुममें विश्वास, सच्चाई और समर्पण है, तब तक तुम हर चीज़ में सफल हो सकते हो।

*

अब शर्म काम नहीं आएगी... जिस इंसान में अनंत धैर्य और अनंत ताकत है, वही जीतता है।

*

अच्छे मकसद में सफलता पाने का राज़ है — असीम धैर्य, असीम पवित्रता और असीम हिम्मत।

*

जितना ज्यादा तुम अपने दिल से काम करोगे, उतनी ही बड़ी सफलता मिलेगी। दिमाग की बात को बहुत कम लोग समझते हैं, लेकिन दिल की बात को — भगवान से लेकर घास तक — सब समझते हैं। मगर हमारे देश में, यह ऐसा है जैसे सोए हुए लोगों को जगाना हो। इसमें समय लगेगा, लेकिन अगर तुम्हारे पास अनंत धैर्य और अटल संकल्प है, तो सफलता ज़रूर मिलेगी। इसमें कोई शक नहीं है।

*

ये बात अच्छे से समझ लो कि धैर्य ही सबसे बड़ा रास्ता है जो सफलता तक ले जाता है।

*

यकीन के साथ जान लो — बिना गुरु के लिए गहरी भक्ति और बिना अडिग धैर्य और संकल्प के, कुछ भी हासिल नहीं होता।

*

अंत में जीतता है प्रेम। बेचैन होना ठीक नहीं — इंतज़ार करो, धैर्य रखो — सफलता ज़रूर मिलेगी।

*

क्या कोई काम तब तक हो सकता है जब तक सब मिलकर अपनी पूरी ताकत न लगा दें? याद रखो — "धन की देवी सिर्फ़ उन्हीं का साथ देती हैं जो काम करने वाले और शेर दिल वाले होते हैं।" पीछे मत देखो। आगे बढ़ो! हमें चाहिए अनंत शक्ति, अनंत जोश, अनंत साहस और अनंत धैर्य — तभी हम बड़े काम कर सकते हैं।

*

इन सबके अलावा कुछ और ज़रूरी नहीं है — बस प्रेम, ईमानदारी और धैर्य।

*

कभी भी जल्दबाज़ी मत करो। सफलता के लिए तीन चीज़ें ज़रूरी हैं — पवित्रता, धैर्य और अटल संकल्प — और सबसे ऊपर है प्रेम। तुम्हारे पास पूरा समय है, कोई हड़बड़ी नहीं। अगर तुम सच्चे और पवित्र हो, तो सब अच्छा होगा।

*

मेरे बहादुर साथियों, मजबूत बने रहो — हमारी शुरुआत अभी हुई है। कभी हार मत मानो! कभी ये मत सोचो कि बहुत हो गया!

*

पवित्रता, अडिग संकल्प और ताकत — यही तीन चीजें मुझे चाहिए।

*

पवित्रता, धैर्य और अडिग संकल्प सभी रुकावटों को पार कर लेते हैं। हर बड़ा काम धीरे-धीरे ही पूरा होता है।

*

पेड़ से फल तभी गिरता है जब वह पूरी तरह पक जाए। इसलिए सही समय का इंतज़ार करें। जल्दीबाज़ी मत करो। और किसी को भी ये हक नहीं कि वह अपनी मूर्खता से दूसरों को परेशान करे। बस इंतज़ार करो, धैर्य रखो — समय आने पर सब सही हो जाएगा।

*

जो सच में योगी बनना चाहते हैं, उन्हें बार-बार चीज़ों को सोचते रहने की आदत छोड़ देनी चाहिए। एक विचार लो — सिर्फ एक — और उसे ही अपना जीवन बना लो। उसी के बारे में सोचो, उसी का सपना देखो, उसी पर जीओ। अपने दिमाग, मांसपेशियों, नसों और पूरे शरीर को उसी विचार से भर दो, बाकी सभी विचारों को छोड़ दो।

यही सफलता की राह है। इसी तरह महान आध्यात्मिक लोग बनते हैं। बाकी लोग बस बोलने वाली मशीनें हैं। अगर हम सच में धन्य होना चाहते हैं और दूसरों को भी करना चाहते हैं, तो हमें गहराई में उतरना होगा।

सबसे पहला काम यह है कि अपने मन को अशांत मत होने दो। उन लोगों से दूर रहो जिनके विचार तुम्हें विचलित करते हैं। तुम जानते हो कि कुछ लोग, कुछ जगहें, कुछ खाने की चीजें तुम्हें अशांत करती हैं — उनसे दूर रहो। जो लोग सबसे ऊँचाई तक जाना चाहते हैं, उन्हें हर संगति से दूर रहना चाहिए — चाहे वह अच्छी हो या बुरी।

कठोर अभ्यास करो। चाहे जियो या मरो, फर्क नहीं पड़ता। बिना नतीजे की चिंता किए, खुद को उस काम में झोंक दो। अगर तुममें सही हिम्मत है, तो छह महीने में योगी बन सकते हो। लेकिन जो लोग थोड़ी-थोड़ी चीज़ें हर जगह से लेते हैं, वे कभी आगे नहीं बढ़ते। सिर्फ पढ़ाई करने से कुछ नहीं होगा।

जो लोग भारी आलस में डूबे हैं, जिनमें समझ की कमी है, जिनका मन किसी एक बात पर ठहर नहीं सकता, जो बस कुछ सुनकर मनोरंजन चाहते हैं — उनके लिए धर्म और दर्शन सिर्फ टाइम पास हैं। ऐसे लोग स्थिर नहीं होते। कोई भाषण सुनते हैं, अच्छा लगता है, लेकिन घर जाते ही सब भूल जाते हैं।

सफल होना है तो जबरदस्त ताकत और इच्छाशक्ति होनी चाहिए। जो आत्मा ठान लेती है कि "मैं सागर पी जाऊँगी, मेरे सामने पहाड़ भी गिर जाएँगे" — वही जीतती है। ऐसी ही ताकत, ऐसा ही संकल्प रखो, खूब मेहनत करो, और तुम अपने लक्ष्य तक ज़रूर पहुँचोगे।

*

रुको, मेरे बच्चों, रुको और अपना काम करते रहो। धैर्य रखो, बस धैर्य।

*

खुश रहो कि तुमने अब तक कितना कुछ कर लिया है। जब भी तुम्हें उदासी महसूस हो, तो बस यह सोचो कि पिछले एक साल में क्या-क्या हासिल किया गया है। कैसे हमने शून्य से शुरुआत की, और अब पूरी दुनिया की निगाहें हम पर हैं। सिर्फ भारत ही नहीं, बल्कि दुनिया भर के लोग हमसे अब बड़ी उम्मीदें कर रहे हैं।

*

नारद एक महान देव-ऋषि थे। जैसे मनुष्यों में कुछ महान ऋषि और योगी होते हैं, वैसे ही देवताओं में भी योगी होते हैं। नारद उन्हीं में से एक महान योगी थे, जो हमेशा यात्रा करते रहते थे।

एक बार वे एक जंगल से गुजर रहे थे, जहाँ उन्होंने एक आदमी को देखा जो इतना लंबे समय से ध्यान कर रहा था कि उसके चारों ओर सफेद चींटियों ने एक टीला बना दिया था। उस आदमी ने नारद से पूछा, "तुम कहाँ जा रहे हो?"

नारद ने कहा, "मैं स्वर्ग जा रहा हूँ।"

आदमी बोला, "तो भगवान से पूछना कि वह मुझ पर कब कृपा करेंगे, कब मुझे मुक्ति मिलेगी।"

आगे नारद को एक और आदमी मिला जो उछल रहा था, गा रहा था, नाच रहा था, और बोला, "ओ नारद, तुम कहाँ जा रहे हो?"

नारद ने जवाब दिया, "मैं स्वर्ग जा रहा हूँ।"

आदमी ने कहा, "तो भगवान से पूछना कि मैं कब मुक्त होऊँगा।" नारद आगे बढ़ गए।

कुछ समय बाद जब नारद वापिस लौटे, तो वही आदमी, जिसकी देह पर चींटियों का टीला बना था, उनसे बोला, "नारद, क्या तुमने मेरे बारे में भगवान से पूछा?"

नारद ने कहा, "हाँ, भगवान ने कहा कि तुम्हें चार और जन्मों के बाद मुक्ति मिलेगी।"

यह सुनकर वह आदमी रोने और कराहने लगा, "मैंने इतना ध्यान किया है, तब भी मुझे चार जन्म और लेने होंगे!"

नारद फिर उस दूसरे आदमी के पास गए।

"क्या तुमने भगवान से मेरे बारे में पूछा?"

"हाँ, पूछा। क्या तुम इस इमली के पेड़ को देख रहे हो? भगवान ने कहा, इस पेड़ पर जितने पत्ते हैं, उतनी बार तुम्हें जन्म लेना होगा, और फिर तुम मुक्त हो जाओगे।"

यह सुनकर वह आदमी खुशी से झूमने लगा, नाचने लगा और बोला, "मुझे इतने थोड़े जन्मों में ही मुक्ति मिल जाएगी!"

तभी एक आवाज़ आई, "मेरे बच्चे, तुम्हें इस पल में ही मुक्ति मिल गई।"

यह उसका इनाम था — उसकी अटूट मेहनत और धैर्य का फल।

वह हर जन्म में काम करने को तैयार था, बिना किसी हतोत्साह के। लेकिन पहले वाला आदमी सोच बैठा कि चार जन्म बहुत लंबा समय है।

सिर्फ उसी को सर्वोच्च फल मिलता है जो दृढ़ बना रहता है, जैसे वह आदमी जो हजारों जन्मों तक भी प्रतीक्षा करने को तैयार था।

*

प्रतिस्पर्धा के बारे में सबसे भयानक बात यह है कि कोई व्यक्ति पर्यावरण पर विजय प्राप्त कर सकता है, लेकिन जहाँ कोई व्यक्ति जीत सकता है, वहाँ हजारों लोग बाहर हो जाते हैं। इसलिए यह सबसे अच्छा है। वह अच्छा नहीं हो सकता जो केवल एक की मदद करता है और बहुमत को बाधित करता है। पतंजलि कहते हैं कि ये संघर्ष केवल हमारी अज्ञानता के कारण बने रहते हैं, और ये आवश्यक नहीं हैं, और मनुष्य के विकास का हिस्सा नहीं हैं। यह केवल हमारी अधीरता है जो उन्हें पैदा करती है।

हमारे पास बाहर निकलने और अपना रास्ता बनाने का धैर्य नहीं है। उदाहरण के लिए, एक थिएटर में आग लग जाती है, और केवल कुछ ही बच निकलते हैं। बाहर निकलने की कोशिश में बाकी लोग एक-दूसरे को कुचल देते हैं। इमारत के बचने के लिए या भागने वाले दो या तीन लोगों के बचने के लिए वह कुचलना आवश्यक नहीं था। यदि सभी धीरे-धीरे बाहर निकलते, तो एक भी व्यक्ति को चोट नहीं लगती।

जीवन में ऐसा ही होता है। हमारे लिए दरवाजे खुले हैं, और हम सभी प्रतिस्पर्धा और संघर्ष के बिना बाहर निकल सकते हैं; और फिर भी हम संघर्ष करते हैं। हम अपने अज्ञान, अधीरता के माध्यम से संघर्ष करते हैं; हम बहुत जल्दी में होते हैं। शक्ति

का सर्वोच्च प्रकटीकरण खुद को शांत और अपने पैरों पर खड़ा रखना है।

*

इच्छा की स्वतंत्रता - यह वैसा ही है जैसा आप महसूस करते हैं कि आप कार्य करने के लिए स्वतंत्र हैं। लेकिन यह स्वतंत्रता आवश्यकता की एक प्रजाति है। विचार और क्रिया के पहले, बाद में और बीच में एक अनंत कड़ी है, लेकिन बाद वाला स्वतंत्रता का नाम लेता है - जैसे एक पक्षी एक उज्ज्वल कमरे में उड़ता है। हम स्वतंत्रता महसूस करते हैं और महसूस करते हैं कि इसका कोई अन्य कारण नहीं है। हम चेतना से परे नहीं जा सकते, इसलिए हमें लगता है कि हम स्वतंत्र हैं। हम इसे चेतना से आगे नहीं खोज सकते। केवल ईश्वर ही वास्तविक स्वतंत्रता महसूस करता है। महापुरुष (संत) खुद को ईश्वर के साथ एकता महसूस करते हैं; इसलिए वे भी वास्तविक स्वतंत्रता महसूस करते हैं।

आप झरने के उस हिस्से को बंद करके और उसे फव्वारे में इकट्ठा करके झरने से बहने वाले पानी को रोक सकते हैं; इसके अलावा आपको कोई स्वतंत्रता नहीं है। लेकिन स्रोत अपरिवर्तित रहता है। सब कुछ पूर्वनिर्धारित है - और उस पूर्वनिर्धारितता का एक हिस्सा यह है कि आपको ऐसी भावना होगी - स्वतंत्रता की भावना। मैं अपने कार्य को आकार दे रहा हूं। जिम्मेदारी प्रतिक्रिया की भावना है। कोई पूर्ण शक्ति नहीं है।

यहां शक्ति किसी भी क्षमता का प्रयोग करने की सचेत भावना है जो आवश्यकता से बनाई गई है। मनुष्य में यह भावना होती है कि "मैं कार्य करता हूँ"; स्वतंत्रता की शक्ति से उसका तात्पर्य भावना से है। शक्ति के साथ जिम्मेदारी जुड़ी होती है। हमारे द्वारा पूर्वनियति से जो कुछ भी किया जाता है, हम उसकी प्रतिक्रिया

महसूस करते हैं। एक व्यक्ति द्वारा फेंकी गई गेंद, स्वयं प्रतिक्रिया महसूस करती है। लेकिन यह सहज आवश्यकता जो हमें हमारी स्वतंत्रता के रूप में प्राप्त होती है, हमारे आस-पास के वातावरण के साथ हमारे द्वारा बनाए गए सचेत संबंधों को भी प्रभावित नहीं करती है। सापेक्षता नहीं बदलती। या तो हर कोई स्वतंत्र है या हर कोई आवश्यकता के अधीन है। इससे कोई फर्क नहीं पड़ता। संबंध समान होंगे। पाप और पुण्य समान होंगे।

अगर कोई चोर कहे कि उसे चोरी करनी पड़ी, तो न्यायाधीश कहेगा कि उसे सज़ा देना जरूरी है। हम एक कमरे में बैठे हैं और कमरा घूम रहा है, लेकिन हमारे बीच का रिश्ता नहीं बदलता।

कारण और परिणाम की इस कभी न खत्म होने वाली श्रृंखला से बाहर निकलना ही मुक्ति है। मुक्त आत्माएँ ज़रूरत से नहीं चलतीं, वे ईश्वर की तरह होती हैं। वे खुद कारण बनती हैं। ईश्वर ही पूरी तरह स्वतंत्र हैं — उनके निर्णय की शुरुआत वही करते हैं — और वे हमेशा ऐसे ही अनुभव किए जाते हैं।

असल प्रार्थना भावना है, शब्द नहीं। लेकिन तुम्हें इंतज़ार करना होगा और देखना होगा कि क्या तुम्हारी प्रार्थना सुनी जा रही है।

*

ईश्वर ही एकमात्र हैं जो कभी नहीं बदलते। उनका प्रेम कभी खत्म नहीं होता। हम जहाँ भी हों और जो भी कर रहे हों, वे हमेशा वैसे ही रहेंगे — दयालु और प्रेम से भरे हुए। वे कभी नाराज़ नहीं होते, चाहे हम कुछ भी करें। क्या कोई माँ अपने शरारती बच्चे से नाराज़ हो सकती है? क्या भगवान नहीं जानते कि हम आगे जाकर क्या बनेंगे? वे जानते हैं कि हम सभी एक दिन परिपूर्ण बनेंगे। उनमें अनंत धैर्य है। हमें भी उनसे प्रेम करना चाहिए और

हर ज़िंदा इंसान से भी — क्योंकि वह उसी के रूप हैं। यही सबसे जरूरी बात है।

*

कभी-कभी लोग कहते हैं कि भविष्यवक्ता और महान गुरु डरपोक थे, जो सही बात कहने और करने की हिम्मत नहीं रखते थे। लेकिन ऐसा नहीं था। कठोर आलोचक उन महान ऋषियों के दिलों में बसे प्रेम को नहीं समझते, जो पूरी दुनिया को अपने बच्चों की तरह देखते थे।

वे सच्चे पिता थे, सच्चे भगवान की तरह, जिनमें सबके लिए बहुत करुणा और धैर्य था। वे दर्द सहने को तैयार थे। वे जानते थे कि समाज को कैसे ऊपर उठाना है, और धीरे-धीरे, प्यार से, निंदा किए बिना, डराए बिना, लोगों को ऊपर की ओर ले जाते थे।

उपनिषदों के लेखक भी ऐसे ही थे। वे जानते थे कि पुराने धार्मिक विचार अब नई नैतिक सोच से मेल नहीं खाते। वे जानते थे कि नास्तिक जिन बातों की तरफ इशारा कर रहे हैं, उनमें बहुत सच्चाई है। लेकिन वे यह भी जानते थे कि अगर कोई सब कुछ तोड़कर हवा में नया समाज बनाना चाहेगा, तो वह असफल होगा।

*

समझौता करने से सावधान रहो। इसका मतलब यह नहीं कि तुम दुश्मनी करो, बल्कि यह कि सुख-दुख में अपने सिद्धांतों पर अडिग रहो, और समर्थन पाने के लिए उन्हें दूसरों की इच्छा के अनुसार मत बदलो। तुम्हारी आत्मा ही ब्रह्मांड की नींव है —

तुम्हें किसी समर्थन की जरूरत नहीं है। प्रेम, शक्ति और धैर्य के साथ इंतज़ार करो; अगर अभी लोग साथ नहीं हैं, तो समय आने पर जुड़ जाएँगे। हमें जल्दबाज़ी क्यों करनी चाहिए? सारे महान काम बहुत छोटे और अदृश्य शुरुआत से ही बनते हैं।

*

लोगों से मत लड़ो; किसी से बैर मत रखो। अगर जैक और जॉन ईसाई बन जाएँ, तो हमें क्या फर्क पड़ता है? वे जो चाहें मानें। तुम झगड़ों में क्यों पड़ना चाहते हो? सबके मतों को सहन करो। धैर्य, पवित्रता और अडिगता की ही जीत होगी।

*

हिम्मत रखो और काम करते रहो। धैर्य और लगातार कोशिश — यही एकमात्र रास्ता है। बस चलते रहो। याद रखो — धैर्य, पवित्रता, साहस और लगातार मेहनत। जब तक तुम पवित्र हो और अपने सिद्धांतों के लिए सच्चे हो, तुम कभी हारोगे नहीं — माँ तुम्हें कभी नहीं छोड़ेगी, और सारे आशीर्वाद तुम्हारे साथ होंगे।

*

अच्छे नैतिक मूल्यों, सही व्यवहार और शिक्षा के ज़रिए हमें चांडाल को ब्राह्मण जैसी स्थिति तक लाना चाहिए। लोग उसी की बात ध्यान से सुनते हैं जिसे वे पसंद करते हैं — चाहे वह कुछ भी कहे — और जिसे पसंद नहीं करते, उसकी अच्छी बात भी नहीं सुनते। इस बात को समझो और उसके अनुसार अपना व्यवहार बदलो। सब ठीक हो जाएगा। अगर तुम नेतृत्व करना चाहते हो, तो पहले सेवा करना सीखो। यही असली रहस्य है।

तुम्हारा प्रेम तुम्हारी बातों में दिखाई देगा, भले ही वे सख्त क्यों न हों। हर इंसान किसी भी भाषा में प्यार को महसूस कर सकता है।

*

अनंत धैर्य, अनंत पवित्रता और अनंत दृढ़ता — यही किसी अच्छे मकसद में सफलता का असली राज है।

*

पीछे देखने की ज़रूरत नहीं है। आगे बढ़ो! हमें चाहिए अनंत शक्ति, अनंत जोश, अनंत हिम्मत और अनंत धैर्य — तभी हम बड़े-बड़े काम कर सकते हैं।

*

शक्ति

चुप रहकर अपनी ऊर्जा इकट्ठा करो और अध्यात्म का स्रोत बनो। जो खुद खाली है, वो क्या दे सकता है? सिर्फ राजा ही दे सकता है — और वो भी तब, जब उसे खुद कुछ नहीं चाहिए।

*

जो लोग यह मानते हैं कि ब्राह्मणों की सत्ता खत्म करने की कोशिश किसी बाहर के व्यक्ति या समूह ने की, उन्हें समझ लेना चाहिए कि यह बदलाव प्रकृति के नियम से हो रहा है। ब्राह्मण जाति खुद अपने हाथों से अपने अंत की तैयारी कर रही है — और यही होना भी चाहिए। यह ठीक है कि समाज के उच्च वर्ग का हर सदस्य अपनी विशेष स्थिति को खुद ही छोड़ दे।

शक्ति को बचा कर रखना उतना ही ज़रूरी है जितना उसे फैलाना — और कभी-कभी उससे भी ज़्यादा। जैसे जीवन के लिए दिल में खून का होना जरूरी है, वैसे ही समाज के लिए भी कुछ समय तक ज्ञान और ताकत कुछ ही लोगों में सिमटी हो सकती है। इसका मकसद यह है कि बाद में वो ताकत सबमें बांटी जा सके। लेकिन अगर इस बांटने को रोका गया, तो समाज का विनाश तय है।

*

इंसान अक्सर अधीर होता है। हर कोई ताकत चाहता है, लेकिन बहुत कम लोग उसे पाने के लिए रुकते हैं। लोग बांटना चाहते हैं, लेकिन पहले खुद कुछ जमा नहीं करते। कमाना समय लेता है, पर बांटना पल भर में हो जाता है। इसलिए जो भी ताकत

मिलती है, उसे बचाओ — जैसे-जैसे मिलती जाए, उसे बर्बाद मत करो।

*

मैं तुममें से हर किसी को अंधभक्तों से बेहतर एक सोचने वाला नास्तिक देखना पसंद करूंगा, क्योंकि नास्तिक में अभी जान होती है, उसे बदला जा सकता है। लेकिन अगर अंधविश्वास अंदर घुस गया, तो सोचने की ताकत खत्म हो जाती है, दिमाग कमजोर हो जाता है, और ज़िंदगी ढलान पर चली जाती है। इन दोनों से दूर रहो।

हमें चाहिए बहादुर और ताकतवर लोग — वो जिनकी रगों में जोश दौड़ता हो, जिनकी मांसपेशियां लोहे जैसी हों, नसें स्टील जैसी मज़बूत हों — ना कि ऐसे लोग जो सिर्फ नरम सोच में जीते हों।

*

शक्ति और ऐसी चीजें अपने आप मिलती हैं। खुद को काम में लगाओ, और तुम पाओगे कि इतनी ताकत तुम्हारे अंदर आ रही है कि खुद उसे संभालना मुश्किल हो जाएगा। दूसरों के लिए किया गया थोड़ा-सा काम भी भीतर छिपी शक्ति को जगा देता है; दूसरों के लिए थोड़ा-सा अच्छा सोचना भी तुम्हारे दिल में शेर जैसी ताकत भर देता है।

*

भारत में जितने भी संप्रदाय बने हैं, वे सभी इस बात से सहमत हैं कि आत्मा में अनंत शक्ति है। चाहे वह एक चींटी हो या एक

विकसित इंसान — सबमें वही एक आत्मा है, फर्क सिर्फ इस बात का है कि वह कितनी प्रकट हुई है। जब उसे सही समय, स्थान और अवसर मिलता है, तो वह शक्ति प्रकट हो जाती है। सबसे ऊँचे देवता से लेकर सबसे छोटे तिनके तक, एक ही शक्ति मौजूद है — चाहे वह दिखाई दे या न दे। हमें घर-घर जाकर उसी शक्ति को जगाना होगा।

*

अगर किसी के पास शक्ति है, तो उसे उसे अपने कर्म में दिखाना चाहिए।

*

एक ऐसी अवस्था होती है जिसे सत्त्व कहते हैं — शांति, स्थिरता, जहाँ मन की हलचल थम जाती है और वह शांत और साफ हो जाता है। यह सुस्ती नहीं होती, बल्कि पूरी तरह से जागरूक और सक्रिय स्थिति होती है। शांत रहना ही असली ताकत है। सक्रिय होना तो आसान है — लगाम छोड़ दो, और घोड़े अपने-आप दौड़ पड़ेंगे। यह कोई भी कर सकता है। लेकिन जो दौड़ते घोड़ों को रोक सके, वही असली ताकतवर होता है। क्या ज्यादा ताकत चाहिए — सब कुछ छोड़ देना या खुद को रोकना? शांत व्यक्ति सुस्त नहीं होता। सत्त्व को आलस्य समझने की गलती मत करना। असली शांत व्यक्ति वही है जो अपने मन की हलचल पर काबू रखता है। जो बहुत काम करता है, वह सत्त्व की तुलना में कम ताकत दिखा रहा होता है। असली ताकत तो शांत बने रहने में है।

*

सृष्टि का नियम यह है कि सभी पदार्थ पाँच अवस्थाओं से बनते हैं: ईथर, चमकीला ईथर, गैस, द्रव और ठोस। ये सब एक मूल तत्त्व से आते हैं — बहुत ही सूक्ष्म ईथर से।

ब्रह्मांड की ऊर्जा को प्राण कहा जाता है — वही शक्ति जो इन सब पदार्थों में काम करती है। इस प्राण का इस्तेमाल करने के लिए मन सबसे बड़ा साधन है। मन भी भौतिक है। मन के पीछे आत्मा होती है, जो प्राण को पकड़ती है और निर्देश देती है। प्राण इस संसार की गति देने वाली शक्ति है, और इसे जीवन की हर चीज़ में देखा जा सकता है। शरीर नश्वर है, मन भी नश्वर है; दोनों बनते हैं और मिटते हैं। पर आत्मा अमर है। आत्मा ही बुद्धि के रूप में प्राण को दिशा देती है।

लेकिन जो बुद्धि हम आमतौर पर देखते हैं, वह अधूरी होती है। जब बुद्धि पूरी तरह प्रकट होती है, तभी अवतार प्रकट होता है — जैसे मसीह। बुद्धि हमेशा खुद को व्यक्त करना चाहती है, और इसके लिए वह अलग-अलग स्तरों के शरीर और मन बनाती है। असल में, हर जीव के पीछे वही आत्मा है।

मन एक बहुत सूक्ष्म पदार्थ है; यह प्राण को दिखाने का माध्यम है। ताकत को दिखाने के लिए कोई माध्यम चाहिए — और वही है मन और शरीर। मन शरीर पर काम करता है, और शरीर मन पर। दोनों एक-दूसरे पर असर डालते हैं। हर मानसिक स्थिति शरीर में कुछ असर छोड़ती है, और शरीर की हर हरकत मन पर असर डालती है। फर्क नहीं पड़ता कि आप इन्हें दो मानते हो या एक — शरीर उसका स्थूल भाग है और मन उसका सूक्ष्म भाग। वे एक-दूसरे पर असर डालते हैं और मिलकर काम करते हैं।

मन हमेशा शरीर बना रहा है। इसलिए जब हम मन को प्रशिक्षित करना चाहते हैं, तो शरीर के ज़रिए पहुंचना आसान होता है। मन से लड़ना कठिन है, शरीर से आसान। जितना सूक्ष्म साधन होता

है, उतनी ही बड़ी ताकत होती है। मन, शरीर से कहीं ज्यादा सूक्ष्म और ताकतवर है।

शक्ति उन लोगों के पास होती है जो चुपचाप जीते हैं, प्रेम करते हैं और फिर खुद को पीछे खींच लेते हैं। वे कभी "मैं" या "मेरा" नहीं कहते; वे सिर्फ ईश्वर के साधन बनने में खुद को धन्य मानते हैं। ऐसे लोग ही मसीह और बुद्ध जैसे महापुरुषों को जन्म देते हैं। वे ईश्वर से पूरी तरह एक हो चुके होते हैं, कुछ नहीं चाहते, कुछ करने का दावा नहीं करते, और सिर्फ मौजूद रहते हैं। वे असली प्रेरणा देने वाले होते हैं — जीवन में रहते हुए भी आज़ाद, पूरी तरह निःस्वार्थ, अहम से मुक्त, कोई महत्त्वाकांक्षा नहीं। वे बस सिद्धांत होते हैं, व्यक्तित्व नहीं।

*

रूपों, नियमों, रोज़मर्रा की धार्मिक परंपराओं और रस्मों को देखकर कभी-कभी हँसी आ सकती है; लेकिन उनमें शक्ति होती है। कई बार आगे बढ़ते समय हम अपनी बहुत सी शक्ति खो देते हैं। वास्तव में, एक कट्टरपंथी व्यक्ति उदार व्यक्ति से ज़्यादा ताकतवर होता है, क्योंकि वह ऊर्जा को बचाता है। यही बात व्यक्तियों पर लागू होती है और समाज पर भी। रोम जैसे देश बाहरी खतरों से घिरे थे — फारस, भारत, अलेक्जेंड्रिया, हेलेनिक विचारों और हमलों से — फिर भी उन्होंने अपने समाज की ताकत को संजोकर रखा। उन्होंने अपने धर्म और शहर यरुशलेम पर पूरी ऊर्जा केंद्रित कर दी। लेकिन जब शक्ति इकट्ठा हो जाती है, तो वह हमेशा के लिए एक जगह नहीं रुकती; उसे बाहर निकलना ही होता है। दुनिया में कोई ताकत ऐसी नहीं जो हमेशा के लिए सीमित रह सके। उसे एक दिन फैलना ही होगा।

*

यह एक महान सोच है कि ताकत पहले से ही हमारे अंदर है। चाहे आप कहो कि वह छिप गई है, या माया की परत से ढकी है — फर्क नहीं पड़ता। वह शक्ति पहले से मौजूद है। ज़रूरत है तो बस विश्वास करने की — हर इंसान की क्षमता पर विश्वास करने की — कि सबसे नीचे खड़े इंसान में भी वही शक्ति है जो बुद्ध में थी। यही आत्मा का सिद्धांत है।

*

धार्मिक सच्चाइयों को हर इंसान को खुद जानना होता है। ईश्वर को अनुभव करना ही असली मकसद है। ताकत सिर्फ एक रास्ता है, मंज़िल नहीं। सच्चा मकसद है — शुद्ध होना, जानना और प्रेम करना। और प्रेम ही ईश्वर है।

*

"वह मूर्ख है जो गंगा के किनारे कुआँ खोदता है। वह भी मूर्ख है जो हीरे की खदान के पास काँच के मोती खोजता है।" ईश्वर वही हीरे की खदान है। और हम ऐसे मूर्ख हैं जो ईश्वर को छोड़कर भूत-प्रेतों और चमत्कारों की कहानियों में उलझ जाते हैं। यह मानसिक बीमारी बन जाती है — नसों और दिमाग को कमजोर कर देती है। ऐसे डर और चमत्कारों की भूख जाति को गिरा देती है। ये कहानियाँ नसों पर दबाव डालती हैं और समाज को धीरे-धीरे खत्म कर देती हैं। जब हम ईश्वर, पवित्रता और आत्मा की सच्चाई को छोड़कर इन बातों के पीछे भागते हैं, तो हम पतन की ओर जाते हैं।

दूसरों के विचार पढ़ना? अगर मुझे सबके विचार कुछ मिनटों तक पढ़ने पड़ें, तो मैं पागल हो जाऊंगा! मज़बूत बनो, खड़े रहो, और प्रेम के भगवान की खोज करो। यही असली शक्ति है। पवित्रता की ताकत से बड़ी कोई ताकत नहीं। सच्चा प्रेम और पवित्रता ही

दुनिया को चलाते हैं। कमज़ोर व्यक्ति ईश्वर के प्रेम को नहीं जान सकता। इसलिए शारीरिक, मानसिक, नैतिक या आत्मिक रूप से कमज़ोर मत बनो। ईश्वर ही सच्चे हैं, बाकी सब झूठ है। ईश्वर की मुक्ति के लिए बाकी सब कुछ त्याग दो। जो व्यर्थ है, उसे छोड़ दो — और केवल ईश्वर की सेवा करो।

*

यह ब्रह्मांड कहां से आया, कहां रहता है, और कहां जाता है? इसका जवाब है: यह प्रेम से पैदा होता है, प्रेम में बना रहता है, और प्रेम में ही लौट जाता है। इसलिए हम समझ सकते हैं कि कोई चाहे या न चाहे, अंत में हर किसी को अपने केंद्र तक पहुँचना होता है। वह चाहे जितना विरोध करे, उसे वहाँ जाना ही होगा। लेकिन अगर हम जागरूक होकर उस दिशा में मेहनत करें, तो रास्ता आसान हो जाता है, अड़चनें घट जाती हैं, और समय भी कम लगता है।

इससे यह साफ़ होता है कि सारी शक्ति और ज्ञान बाहर नहीं, हमारे भीतर है। जो कुछ भी हम प्रकृति कहते हैं, वह सिर्फ़ एक दर्पण की तरह है — एक काँच जिसमें अंदर की चीजें प्रतिबिंबित होती हैं। प्रकृति में जो भी हम रहस्य या शक्तियाँ कहते हैं, वे सब हमारे अंदर हैं। बाहर की दुनिया तो सिर्फ़ बदलावों की एक श्रृंखला है। बाहर में कोई ज्ञान नहीं है — असली ज्ञान आत्मा से आता है। इंसान उसी ज्ञान को प्रकट करता है, जो उसके अंदर पहले से मौजूद है। हर इंसान ज्ञान, शाश्वत आनंद और शाश्वत जीवन का प्रतीक है। नैतिक प्रभाव भी इसी तरह काम करता है, जैसे समानता के विचार में हमने देखा।

*

जब शक्ति का इस्तेमाल बुराई के लिए होता है, तो वह शैतान

जैसी बन जाती है; इसका इस्तेमाल सिर्फ़ अच्छाई के लिए होना चाहिए। सदियों से जो महान संस्कृति हमारे पास है और जिसकी देखभाल ब्राह्मणों ने की है, अब उसे सबके साथ बाँटना चाहिए। लेकिन चूंकि उन्होंने ऐसा नहीं किया, इसलिए विदेशी आक्रमण संभव हो पाया। शुरू से ही अगर ब्राह्मणों ने इस खजाने को जनता के लिए खोल दिया होता, तो हम बार-बार बाहर से आए लोगों के पैरों तले कुचले न जाते। इसी वजह से हम गिरे, और अब पहला काम यह होना चाहिए कि उन तिजोरियों को तोड़ा जाए जिनमें यह अमूल्य ज्ञान बंद है — और यह काम सबसे पहले ब्राह्मणों को करना चाहिए।

*

कर्म चरित्र को प्रभावित करने वाली सबसे ज़बरदस्त ताकत है। मनुष्य जैसे एक केंद्र की तरह है, जो ब्रह्मांड की सारी ताकतों को अपनी ओर खींचता है और फिर उन्हें एक साथ जोड़कर बाहर की ओर बहा देता है। ऐसा व्यक्ति ही असली मनुष्य होता है — शक्तिशाली, जानकार — जो पूरे ब्रह्मांड को खींच सकता है। अच्छे-बुरे, सुख-दुख — सब उसकी ओर आते हैं और उसमें समा जाते हैं, और फिर वह उन सबका एक प्रवाह बना देता है जिसे हम चरित्र कहते हैं, और उसे बाहर भेजता है। उसमें खींचने और बाहर फेंकने दोनों की ताकत होती है।

हमारी दुनिया में जो कुछ भी होता है, हर हलचल, हर काम — सब विचारों की तस्वीर है, इंसानी इच्छा का रूप है। मशीनें, शहर, युद्धपोत — सब किसी इच्छा का रूप हैं। और यह इच्छा चरित्र से आती है, और चरित्र कर्म से बनता है। जैसे कर्म होगा, वैसे ही इच्छा की ताकत भी होगी। संसार में जिन लोगों की इच्छा सबसे मज़बूत रही है, वे वही हैं जो सबसे अधिक काम करने वाले रहे हैं। ये वही महान आत्माएँ हैं जिनकी इच्छाशक्ति इतनी ताकतवर हो गई कि वे दुनिया को बदल सकते थे। लेकिन

यह इच्छाशक्ति एक जीवन में नहीं आती — यह सदियों की मेहनत का नतीजा है।

बुद्ध और ईसा की इच्छाशक्ति उनके माता-पिता से नहीं आई। उनके पिताओं ने तो शायद मानवता के लिए कुछ भी नहीं किया। यूसुफ जैसे लाखों बढ़ई आए-गए। बुद्ध के पिता जैसे लाखों राजा हुए, जिनकी किसी ने परवाह नहीं की। अगर यह सिर्फ़ वंश का मामला होता, तो साधारण पिता ऐसे असाधारण पुत्रों को कैसे जन्म देते, जिनकी पूजा दुनिया भर में होती है? यह बात सिर्फ़ वंश से नहीं समझी जा सकती। तो फिर यह शक्ति कहां से आई? यह ताकत कहाँ से जमा हुई? यह ज़रूर सदियों से अंदर जमा होती रही, जब तक कि बुद्ध या ईसा के रूप में वह फूट न पड़ी — और अब भी फैलती जा रही है।

*

कर्म-योग के अनुसार, जब तक कोई कर्म अपना फल नहीं देता, तब तक वह नष्ट नहीं हो सकता; प्रकृति की कोई शक्ति उसे फल देने से रोक नहीं सकती। अगर मैंने कोई बुरा काम किया है, तो मुझे उसका परिणाम ज़रूर भुगतना होगा; इस ब्रह्मांड में ऐसा कुछ नहीं है जो उसे टाल सके। उसी तरह, अगर मैंने कोई अच्छा काम किया है, तो कोई भी ताकत उसे अच्छे फल देने से नहीं रोक सकती। हर कारण का अपना असर ज़रूर होता है; उसे कोई रोक नहीं सकता।

*

अगर हम हर समय यह मानें कि दूसरों की मदद करना सौभाग्य है, तो भलाई करने की इच्छा हमारी सबसे बड़ी प्रेरणा बन जाती है। किसी ऊँचे स्थान से खड़े होकर पाँच पैसे हाथ में लेकर यह मत कहिए, "ले लो गरीब आदमी," बल्कि इसके लिए आभारी

रहिए कि वह गरीब व्यक्ति वहाँ मौजूद है, जिससे आप सेवा का अवसर पा रहे हैं। धन्य पाने वाला नहीं, बल्कि देने वाला होता है। आभारी रहिए कि आपको दुनिया में अपने दया और सेवा भाव को जताने का मौका मिला, और इसी रास्ते पर चलकर आप शुद्ध और परिपूर्ण बनते हैं। हर अच्छा काम हमें साफ और संपूर्ण बनाता है।

*

इस ब्रह्मांड में कोई भी चीज़ तब तक आप पर अधिकार नहीं जमा सकती जब तक आप खुद उसे इसकी इजाजत न दें। कोई भी चीज़ किसी इंसान की आत्मा पर ज़ोर तभी डाल सकती है जब वह आत्मा मूर्ख बन जाए और अपनी आज़ादी खो दे। इसलिए, अगर आप किसी चीज़ से जुड़ाव नहीं रखते, तो आप उसे अपनी ताकत आप पर चलाने से रोक देते हैं। कहना आसान है कि कोई भी चीज़ आप पर तभी असर डाल सकती है जब आप ऐसा चाहें; लेकिन असली पहचान उस व्यक्ति की है जो किसी चीज़ को खुद पर असर डालने नहीं देता — न ही वह बाहर की दुनिया के सुख से बहुत खुश होता है और न ही दुःख से टूटता है। उसका असली लक्षण यह है कि अच्छा या बुरा समय उसके मन को नहीं बदलता — हर हाल में वह वैसा ही बना रहता है।

एकाग्रता का महत्व

हम जो भी ज्ञान पाते हैं—चाहे वह बाहरी हो या अंदरूनी—वह सिर्फ एक ही तरीके से आता है: मन की एकाग्रता से। जब तक हम अपने मन को किसी विषय पर पूरी तरह केंद्रित नहीं करते, तब तक हम किसी भी विज्ञान को नहीं समझ सकते। जैसे खगोलशास्त्री दूरबीन जैसी चीज़ों के ज़रिए अपने मन को केंद्रित करता है, वैसे ही अगर आप अपने मन का अध्ययन करना चाहते हैं, तो तरीका वही होगा। आपको अपने मन को केंद्रित करना होगा और उसे अपने ऊपर लगाना होगा। इस दुनिया में एक मन और दूसरे मन के बीच का फर्क सिर्फ इसी में है कि कौन कितना एकाग्र है। जो मन ज्यादा केंद्रित होता है, वही ज्यादा ज्ञान प्राप्त करता है।

*

एकाग्रता ही हर ज्ञान का मूल है। इसके बिना कुछ भी हासिल नहीं किया जा सकता। सामान्य इंसान की नब्बे प्रतिशत सोच की ताकत बेकार चली जाती है, इसलिए वह बार-बार गलतियाँ करता है। लेकिन जिसने मन को प्रशिक्षित किया है, वह गलती नहीं करता। एकाग्रता का मतलब है—मन को सीमित करना और एक जगह टिकाना।

जब मन पूरी तरह केंद्रित होकर भीतर की ओर मुड़ता है, तो हमारे अंदर की सभी चीज़ें हमारी सेवा करने लगती हैं, वे हम पर हावी नहीं होतीं। यूनानियों ने एकाग्रता को बाहरी दुनिया पर लगाया और कला, साहित्य जैसे क्षेत्रों में कमाल किया। हिंदुओं ने इसे भीतर की ओर लगाया—अदृश्य दुनिया की ओर, और योग के विज्ञान को विकसित किया।

योग का मतलब है—इंद्रियों, इच्छाओं और मन को काबू में लाना। इसका फायदा ये है कि हम खुद को बाहरी चीजों से नियंत्रित नहीं होने देते, बल्कि खुद नियंत्रक बनते हैं।

मन कई परतों में होता है। हमारा असली लक्ष्य है—अपने अस्तित्व की इन सारी परतों को पार करके ईश्वर को पाना। योग का मुख्य उद्देश्य यही है—ईश्वर तक पहुंचना।

इसके लिए हमें इंद्रियों से मिलने वाले सीमित ज्ञान से आगे बढ़ना होगा, और बाहर की दुनिया से परे जाना होगा। यह दुनिया इंद्रियों में जाग रही है, लेकिन ईश्वर के बच्चे इस स्तर पर सोए हैं। वही बच्चे शाश्वत सत्य के लिए जागते हैं, जबकि दुनिया वहाँ सो रही है। वे ही भगवान के सच्चे पुत्र हैं। और इंद्रियों को जीतने का एकमात्र तरीका है—उस सच्चाई को देखना जो इस ब्रह्मांड के पीछे है। तभी हम इंद्रियों पर वास्तव में जीत पा सकते हैं।

*

एकाग्रता की शक्ति जितनी ज़्यादा होगी, उतना ही ज़्यादा ज्ञान मिलेगा, क्योंकि ज्ञान पाने का यही एक तरीका है। कोई भी छोटा-सा काम करने वाला व्यक्ति अगर ज़्यादा एकाग्रता से काम करे, तो वह उसे और बेहतर कर सकता है। एकाग्रता से खाना पकाने वाला व्यक्ति खाना और स्वादिष्ट बना सकता है।

चाहे धन कमाना हो, भगवान की पूजा करनी हो, या कोई भी काम करना हो—जिसके पास जितनी ज़्यादा एकाग्रता होगी, वह उस काम को उतना ही बेहतर करेगा। यही एक आवाज़ है, यही एक दस्तक है, जो प्रकृति के दरवाज़े खोलती है और ज्ञान के उजाले को लाती है। यही एकाग्रता की शक्ति ज्ञान के खज़ाने की एकमात्र चाबी है।

*

हम कैसे जानें कि हमारा मन एकाग्र हो गया है? इसका संकेत यह है कि समय का अहसास खत्म हो जाता है। जितना ज़्यादा समय बिना ध्यान दिए बीत जाता है, उतनी ही गहरी एकाग्रता होती है।

हम रोज़मर्रा की ज़िंदगी में देखते हैं कि जब हम किसी किताब में पूरी तरह डूब जाते हैं, तो हमें समय का होश नहीं रहता; और जब किताब बंद करते हैं, तो यह जानकर चौंक जाते हैं कि कितने घंटे बीत गए। समय की सारी धाराएँ जैसे एक ही पल में ठहर जाती हैं।

इसीलिए कहा गया है: जब अतीत और भविष्य दोनों एक पल में मिल जाते हैं, तब मन को एकाग्र कहा जाता है।

*

हम बहुत सारी किताबें पढ़ते हैं, लेकिन उससे सच्चा ज्ञान नहीं मिलता। हम दुनिया की सारी बाइबलें पढ़ सकते हैं, फिर भी धर्म को नहीं समझ सकते। सिर्फ सैद्धांतिक धर्म आसानी से मिल जाता है, जिसे कोई भी हासिल कर सकता है। लेकिन हमें जिस धर्म की ज़रूरत है, वह है व्यावहारिक धर्म।

ईसाई धर्म के व्यवहारिक पहलू में अच्छे काम करना शामिल है—जिसे दुनिया की नजर में उपयोगी माना जाता है।

लेकिन उपयोगिता का क्या लाभ? अगर हम धर्म को सिर्फ उपयोगिता की नज़र से देखें, तो वह असफल होता है। हर अस्पताल खुद एक तरह की प्रार्थना है कि और भी लोग बीमार हों और वहाँ आएँ।

दान का क्या मतलब है? दान कोई बुनियादी समाधान नहीं

है। यह केवल दुनिया के दुखों में थोड़ी राहत देता है, उन्हें खत्म नहीं करता। कई लोग नाम और शोहरत चाहते हैं और अच्छे काम या दान की आड़ में वही पाना चाहते हैं। वे दूसरों की मदद करने के नाम पर असल में अपने लिए काम कर रहे होते हैं। हर तथाकथित दान उसी बुराई को बढ़ावा देता है जिसे वह मिटाने का दावा करता है।

लोग अस्पताल या किसी धर्मार्थ संस्था के लिए रात भर नाचते-गाते हैं और फिर घर जाकर जानवरों जैसा व्यवहार करते हैं। वे जेलों, पागलखानों और अस्पतालों को भरने के लिए समाज में हिंसा और अराजकता फैलाते हैं। और इसी सब को 'अच्छे काम' कहा जाता है—जैसे अस्पताल बनाना। इन 'अच्छे कामों' का आदर्श यह है कि दुनिया के दुखों को कम किया जाए या मिटाया जाए।

लेकिन योगी कहते हैं, सारे दुख इस वजह से हैं कि हम अपने मन को नियंत्रित नहीं कर पाते। योगी का लक्ष्य है—प्रकृति से मुक्ति। उनके लिए सफलता का पैमाना है प्रकृति पर विजय। योगी मानते हैं कि सारी शक्ति आत्मा में है, और मन व शरीर को नियंत्रित करके इंसान आत्मा की ताकत से प्रकृति पर विजय पा सकता है।

*

दुनिया का कोई भी ज्ञान तब तक नहीं पाया जा सकता जब तक मन की शक्तियों को एक जगह पर एकत्र नहीं किया जाता। यह दुनिया अपने सभी रहस्यों को खोलने के लिए तैयार है—अगर हम बस यह जान लें कि उसके दरवाज़े पर कैसे दस्तक देनी है, उसे जरूरी झटका कैसे देना है।

वह झटका देने की ताकत और बल एकाग्रता से आता है। इंसान

के मन की शक्ति की कोई सीमा नहीं होती। जितना ज़्यादा मन एक जगह केंद्रित होता है, उतनी ही ज़्यादा ताकत एक बिंदु पर इकट्ठा हो जाती है। यही असली रहस्य है।

*

ईश्वर को अपने से बाहर ढूँढना नामुमकिन है। हमारे भीतर की आत्मा ही बाहर की सारी दिव्यता का स्रोत है। हम खुद सबसे बड़े मंदिर हैं। बाहर जो कुछ दिखता है, वह बस उसी का हल्का सा प्रतिबिंब है जो हमारे अंदर मौजूद है।

मन की ताकत को एक जगह इकट्ठा करना ही ईश्वर को देखने का अकेला तरीका है। अगर आप एक आत्मा—अपनी आत्मा—को जान लेते हैं, तो आप हर आत्मा को जान लेते हैं, चाहे वह भूत की हो, वर्तमान की हो या भविष्य की।

इच्छा ही मन को केंद्रित करती है, और कुछ चीजें इस इच्छा को जगाती और नियंत्रित करती हैं—जैसे कारण, प्रेम, भक्ति और श्वास। जब मन एकाग्र होता है, तो वह एक दीपक की तरह बन जाता है जो आत्मा के हर कोने को रोशन कर देता है।

*

मनुष्य और जानवरों के बीच सबसे बड़ा अंतर उनकी एकाग्रता की शक्ति में होता है। किसी भी काम में जो भी सफलता मिलती है, वह इसी का नतीजा होती है।

हर कोई एकाग्रता के बारे में कुछ न कुछ जानता है। हम हर दिन इसके नतीजों को देखते हैं। कला, संगीत और दूसरी चीजों में जो ऊँचाई लोग छूते हैं, वह एकाग्रता का ही परिणाम है।

जानवरों में एकाग्रता की शक्ति बहुत कम होती है। जो लोग जानवरों को प्रशिक्षित करते हैं, उन्हें यह मुश्किल होती है कि जानवर बार-बार सिखाई गई बातें भूल जाता है। वह किसी भी चीज़ पर लंबे समय तक ध्यान नहीं लगा सकता। मनुष्य और जानवरों के बीच यही फर्क है — मनुष्य में एकाग्रता की शक्ति कहीं ज़्यादा होती है।

मनुष्य और मनुष्य के बीच का फर्क भी उनकी एकाग्रता की शक्ति के फर्क से बनता है। सबसे सामान्य इंसान को सबसे महान इंसान से तुलना करें — अंतर सिर्फ एकाग्रता की ताकत में होता है। बस यही फर्क है।

हर इंसान का मन कभी-कभी एकाग्र हो ही जाता है। हम उन चीजों पर ध्यान लगाते हैं जिन्हें हम पसंद करते हैं, और हम उन चीजों से प्यार करने लगते हैं जिन पर हम ध्यान लगाते हैं।

ऐसी कोई माँ नहीं है जो अपने सबसे प्यारे बच्चे के चेहरे से प्यार न करती हो। वही चेहरा उसकी नज़र में सबसे सुंदर होता है। वह उससे इसलिए प्यार करती है क्योंकि वह बार-बार उसी चेहरे पर ध्यान देती है। अगर बाकी सब लोग भी उसी चेहरे पर ध्यान दें, तो वे भी उससे प्यार करेंगे। वह चेहरा सबके लिए सबसे सुंदर बन जाएगा।

हम सभी अपना ध्यान उन्हीं चीज़ों पर केंद्रित करते हैं जिन्हें हम पसंद करते हैं। जब हम कोई सुंदर संगीत सुनते हैं, तो हमारा मन उसी पर टिक जाता है, और हम उसे हटाना नहीं चाहते। जो लोग शास्त्रीय संगीत पर ध्यान लगाते हैं, उन्हें सामान्य संगीत अच्छा नहीं लगता, और इसके विपरीत भी सच है। वह संगीत जिसमें स्वर बहुत तेज़ी से आते हैं, मन को जल्दी पकड़ लेता है।

बच्चों को तेज़ और ज़िंदादिल संगीत पसंद आता है, क्योंकि

उसमें स्वर इतने तेज़ होते हैं कि मन भटक नहीं पाता। जो लोग सामान्य संगीत पसंद करते हैं, उन्हें शास्त्रीय संगीत अच्छा नहीं लगता, क्योंकि वह जटिल होता है और उसे समझने के लिए ज़्यादा ध्यान चाहिए।

इस तरह की एकाग्रता में सबसे बड़ी दिक्कत यह है कि हम अपने मन को नहीं संभालते, बल्कि मन हमें संभालता है। कोई चीज़ बाहर से आती है, मन को अपनी ओर खींचती है, और मन वहीं अटक जाता है। हम मधुर संगीत सुनते हैं या सुंदर चित्र देखते हैं, तो मन उसी पर टिक जाता है — हम चाहकर भी उसे हटा नहीं पाते।

अगर मैं किसी ऐसे विषय पर आपसे अच्छी तरह बात करता हूँ जो आपको पसंद है, तो आपका मन मेरी बातों पर टिक जाता है। मैं आपके मन को आपसे हटाकर उस विषय पर केंद्रित कर देता हूँ, भले ही आप न चाहें। इसी तरह, हमारा ध्यान अपने आप अलग-अलग चीजों पर लग जाता है, और हम चाहकर भी कुछ नहीं कर पाते।

अब सवाल यह है कि क्या हम इस एकाग्रता को बढ़ा सकते हैं और इसका नियंत्रण अपने हाथ में ले सकते हैं? योगी कहते हैं, हाँ, यह मुमकिन है। उनका मानना है कि हम अपने मन को पूरी तरह से नियंत्रित कर सकते हैं।

लेकिन नैतिक दृष्टिकोण से इसमें एक खतरा है—अगर हम किसी चीज़ पर मन लगाना सीख जाएँ लेकिन उसे हटाना न सीखें, तो यह परेशानी बन सकती है। ज़्यादातर दुख इसी वजह से होते हैं कि हम किसी चीज़ से मन नहीं हटा पाते।

इसलिए, जब हम एकाग्रता बढ़ाते हैं, तो हमें अनासक्ति भी सीखनी चाहिए। हमें न केवल मन को किसी एक चीज़ पर पूरी

तरह लगाना आना चाहिए, बल्कि ज़रूरत पड़ने पर उसे हटाना और दूसरी चीज़ पर लगाना भी आना चाहिए। तभी यह अभ्यास सुरक्षित रहेगा।

यही है मन का संतुलित विकास। मेरे लिए शिक्षा का मतलब है मन की एकाग्रता, न कि सिर्फ जानकारी इकट्ठा करना। अगर मुझे दोबारा पढ़ाई करनी पड़े और मुझे चुनाव करना हो, तो मैं तथ्यों की बजाय एकाग्रता और अनासक्ति बढ़ाने पर ध्यान दूँगा। फिर, एक बेहतर साधन के रूप में, मैं जब चाहूँ तब ज़रूरी तथ्य हासिल कर सकता हूँ। बच्चों में भी एकाग्रता और अनासक्ति की ताकत होनी चाहिए।

*

हर महान व्यक्ति के जीवन में हम एकाग्रता की ताकत देखते हैं। हम उन्हें प्रतिभाशाली मानते हैं। लेकिन योग हमें बताता है कि अगर हम मेहनत करें, तो हम सभी प्रतिभाशाली बन सकते हैं। कुछ लोग शुरुआत से ही बेहतर स्थिति में होते हैं और जल्दी सीखते हैं, लेकिन हम सभी ऐसा कर सकते हैं, क्योंकि हर किसी में वही शक्ति है।

आज का विषय है: मन को समझने के लिए मन को कैसे एकाग्र किया जाए। योगियों ने इसके लिए कुछ नियम बताए हैं। आज रात मैं आपको उन नियमों की एक रूपरेखा बताने जा रहा हूँ।

गैर अनुलग्नक

क्या त्याग का मतलब है कि हम सभी सन्यासी बन जाएं? फिर दूसरों की मदद कौन करेगा? त्याग का अर्थ तपस्या करना नहीं है। क्या हर भिखारी मसीह होता है? गरीबी का मतलब हमेशा पवित्रता नहीं होता; अक्सर यह इसके विपरीत होता है।

सच्चा त्याग मन से होता है। यह कैसे आता है? रेगिस्तान में मुझे प्यास लगी, और मैंने एक झील देखी। वह एक सुंदर जगह के बीच थी। उसके चारों ओर पेड़ थे, और उनके प्रतिबिंब पानी में उल्टे दिख रहे थे। लेकिन वह सब एक मृगतृष्णा थी।

फिर मैंने जाना कि मैं एक महीने से हर दिन यही दृश्य देखता था, लेकिन उस दिन, प्यास लगने पर, मैंने उसे झूठा माना। अब मुझे हर दिन फिर उसे देखना पड़ेगा। लेकिन अब मैं उसे कभी असली नहीं मानूँगा।

जब हम ईश्वर तक पहुँचते हैं, तब ब्रह्मांड, शरीर जैसे विचार मिट जाते हैं। वे फिर लौट आते हैं, लेकिन अगली बार हम उन्हें झूठा समझते हैं।

इतिहास उन्हीं लोगों का है जो बुद्ध और ईसा जैसे हैं। जो त्यागी होते हैं, जो किसी लालच से नहीं जुड़े होते, वही दुनिया के लिए सबसे ज्यादा करते हैं।

ईसा को झुग्गी में सोचो। वे दुख से परे देखते हैं और कहते हैं, "मेरे भाईयो, तुम सब ईश्वर हो।" उनका काम शांत होता है। वे दुखों की जड़ें खत्म करते हैं। आप तभी दुनिया के लिए सही काम कर सकते हैं, जब आप जान लें कि यह सब भ्रम है।

जितना अधिक यह काम बिना सोचे-समझे होता है, उतना ही बेहतर है, क्योंकि तब यह चेतना के ऊँचे स्तर से आता है। हम अच्छाई या बुराई की नहीं, बल्कि सत्य की खोज कर रहे हैं; और अच्छाई, बुराई की तुलना में सत्य के करीब होती है।

एक व्यक्ति ने अपनी उंगली में काँटा चुभो लिया और उसे निकालने के लिए दूसरा काँटा लिया। पहला काँटा बुराई है, दूसरा अच्छाई। आत्मा वह शांति है जो अच्छाई और बुराई दोनों से परे है।

ब्रह्मांड पिघल रहा है, और मनुष्य ईश्वर की ओर बढ़ रहा है। एक क्षण के लिए वह स्वयं ईश्वर बन जाता है। फिर वह खुद को भूल जाता है और पैगम्बर बन जाता है। अब उसके सामने पूरी दुनिया काँपती है। अज्ञानी सो रहा है और अज्ञानी ही जागता है—वह सामान्य इंसान है; लेकिन जब वह पूर्ण चेतना में लौटता है, तो वह अनंत शक्ति, पवित्रता और प्रेम से भरा होता है—वह ईश्वर-पुरुष बन जाता है। यही अतिचेतन का सही उपयोग है।

*

आसक्ति ही अब हमारे सभी सुखों का कारण बन गई है। हम अपने दोस्तों, रिश्तेदारों से जुड़े हुए हैं; हम अपने बौद्धिक और आध्यात्मिक कार्यों से जुड़े हुए हैं; हम बाहरी चीजों से जुड़े हुए हैं ताकि उनसे खुशी मिल सके।

फिर, दुख और कहाँ से आता है, अगर इस आसक्ति से नहीं? अगर हमें सच्चा सुख चाहिए, तो हमें खुद को इनसे अलग करना होगा। अगर हम अपनी इच्छा से खुद को अलग कर सकें, तो दुख नहीं रहेगा। प्रकृति का सबसे अच्छा लाभ वही व्यक्ति पा सकता है जो पूरी शक्ति से किसी चीज से जुड़ सके, और ज़रूरत होने पर उसी शक्ति से खुद को अलग भी कर सके।

समस्या यह है कि हमें जितनी शक्ति जुड़ने में लगती है, उतनी ही शक्ति अलग होने में भी होनी चाहिए। कुछ लोग कभी किसी चीज से नहीं जुड़ते। वे कभी किसी से प्रेम नहीं करते, वे कठोर हृदय वाले और उदासीन होते हैं; वे जीवन के बहुत से दुखों से तो बच जाते हैं, लेकिन प्रेम से भी वंचित रह जाते हैं।

आसक्ति ही अब हमारे सभी सुखों का कारण बन गई है। हम अपने दोस्तों, रिश्तेदारों से जुड़े हुए हैं; हम अपने बौद्धिक और आध्यात्मिक कार्यों से जुड़े हुए हैं; हम बाहरी चीजों से जुड़े हुए हैं ताकि उनसे खुशी मिल सके।

फिर, दुख और कहाँ से आता है, अगर इस आसक्ति से नहीं? अगर हमें सच्चा सुख चाहिए, तो हमें खुद को इनसे अलग करना होगा। अगर हम अपनी इच्छा से खुद को अलग कर सकें, तो दुख नहीं रहेगा। प्रकृति का सबसे अच्छा लाभ वही व्यक्ति पा सकता है जो पूरी शक्ति से किसी चीज से जुड़ सके, और ज़रूरत होने पर उसी शक्ति से खुद को अलग भी कर सके।

समस्या यह है कि हमें जितनी शक्ति जुड़ने में लगती है, उतनी ही शक्ति अलग होने में भी होनी चाहिए। कुछ लोग कभी किसी चीज से नहीं जुड़ते। वे कभी किसी से प्रेम नहीं करते, वे कठोर हृदय वाले और उदासीन होते हैं; वे जीवन के बहुत से दुखों से तो बच जाते हैं, लेकिन प्रेम से भी वंचित रह जाते हैं।

हम सब भिखारी हैं। हम जो भी करते हैं, उसके बदले कुछ पाना चाहते हैं। हम व्यापारी की तरह व्यवहार करते हैं — जीवन में, अच्छे कर्मों में, धर्म में — यहाँ तक कि प्रेम में भी।

अगर यह लेन-देन है, तो बाजार के नियम लागू होते हैं। कभी समय अच्छा होता है, कभी बुरा। कीमतें ऊपर-नीचे होती हैं। और हर सौदे में जोखिम होता है।

यह दर्पण में देखने जैसा है — जैसे चेहरा वैसा प्रतिबिंब। अगर तुम मुस्कराओगे, दर्पण भी मुस्कराएगा। यह सिर्फ लेन-देन है, देना और लेना।

हम फंसते हैं — इसलिए नहीं कि हम देते हैं, बल्कि इसलिए कि हम बदले में कुछ पाने की उम्मीद करते हैं। जब हमें अपेक्षित प्रेम नहीं मिलता, तो दुख होता है। दुख इसलिए नहीं आता कि हमने प्रेम किया, बल्कि इसलिए कि हमने प्रेम की उम्मीद की।

जहां कोई चाह नहीं है, वहां कोई दुख नहीं है। इच्छा ही दुख की जड़ है। इच्छा परिणाम की उम्मीद से जुड़ी है, और यही दुख का कारण बनती है।

*

सच्ची सफलता और असली खुशी का सबसे बड़ा रहस्य यही है: जो इंसान कुछ पाने की इच्छा नहीं करता, जो पूरी तरह निःस्वार्थ होता है, वही सबसे सफल होता है।

ये सुनने में विरोधाभास लगता है। क्या हम नहीं देखते कि निःस्वार्थ लोग अक्सर ठगे जाते हैं, चोट खाते हैं? मसीह निःस्वार्थ था, फिर भी उसे सूली पर चढ़ाया गया।

बिलकुल सही। लेकिन उसकी निःस्वार्थता ही तो उसकी सबसे बड़ी जीत बनी — उसने लाखों लोगों को सच्ची सफलता का आशीर्वाद दिया।

कुछ मत माँगो, बदले में कुछ मत चाहो। जो देना है, बस दो। वह लौटकर आएगा — हज़ार गुना होकर — लेकिन उसके बारे में मत सोचो। बस देने की शक्ति रखो। दो, और यहीं बात खत्म करो।

सीखो कि पूरा जीवन 'देने' में है। प्रकृति तुम्हें देना सिखाएगी ही।

इसलिए स्वेच्छा से दो। क्योंकि अंत में तुम्हें देना ही पड़ेगा। तुम दुनिया से सिर्फ लेने की उम्मीद लेकर आए हो, लेकिन प्रकृति तुम्हारे हाथ खुद ही खोल देती है।

चाहे आप चाहें या न चाहें, आपको देना ही होगा। जैसे ही आप कहते हैं, "मैं नहीं दूंगा", आप तकलीफ में आ जाते हैं; आपको चोट पहुंचती है। हर कोई अंत में सब कुछ छोड़ने के लिए मजबूर होता है। जो जितना ज़्यादा इस नियम से लड़ता है, उतना ही ज़्यादा दुःखी होता है।

हम इसलिए दुखी होते हैं क्योंकि हम देने से डरते हैं, क्योंकि हम प्रकृति की इस महान माँग को स्वीकार करने के लिए तैयार नहीं हैं। जंगल नष्ट हो जाता है, लेकिन उसके बदले में गर्मी देता है। सूरज समुद्र से पानी खींचता है, ताकि बारिश के रूप में उसे लौटाया जा सके। आप एक ऐसी मशीन हैं जो लेने के लिए नहीं, देने के लिए लेती है।

इसलिए बदले में कुछ भी न माँगें। जितना ज़्यादा आप देंगे, उतना ही ज़्यादा आपके पास आएगा। जैसे ही आप कमरे से हवा बाहर निकालते हैं, वह तुरंत बाहर की हवा से भर जाता है। लेकिन अगर आप सारे दरवाज़े और छेद बंद कर देते हैं, तो जो हवा अंदर है, वही सड़ने लगेगी, ज़हरीली बन जाएगी।

एक नदी लगातार खुद को समुद्र में खाली करती है और लगातार फिर से भरती है। बाहर की ओर बहाव को मत रोकिए। जिस पल आपने ऐसा किया, उसी पल जीवन की जगह मृत्यु आ जाएगी।

*

इसलिए भिखारी मत बनो; अनासक्त बनो।

यह जीवन का सबसे कठिन काम है! तुम रास्ते के खतरों की कल्पना नहीं करते। मुश्किलें दिखती हैं, लेकिन जब तक हम उन्हें जीते नहीं, तब तक हम उन्हें नहीं समझते। दूर से कोई बगीचा सुंदर दिख सकता है, लेकिन उसकी असलियत तब समझ आती है जब हम उसके अंदर होते हैं। चाहे हम पूरी तरह हार जाएं, खून से लथपथ हो जाएं, टूट जाएं—फिर भी हमें अपना हृदय संभालना होगा, हमें इन संघर्षों में भी अपने भीतर के ईश्वर को जीवित रखना होगा।

प्रकृति चाहती है कि हम पलटवार करें—घाव के बदले घाव, धोखे के बदले धोखा, झूठ के बदले झूठ। उससे ऊपर उठने के लिए एक दैवी शक्ति चाहिए—सहन करने की शक्ति, संयम की शक्ति, अनासक्ति की शक्ति।

हमें हर दिन अनासक्त रहने का संकल्प दोहराना पड़ता है। हम पीछे देखते हैं, उन चीजों पर जिन्हें हमने प्यार किया, और याद करते हैं कि उन्होंने हमें कितनी बार चोट पहुंचाई। हमारे प्रेम ने हमें कितना नीचे गिराया! हम दूसरों के हाथों की कठपुतली बन गए। हम सोचते हैं, "अब से मैं खुद को संभालूंगा, अपने ऊपर नियंत्रण रखूंगा।" लेकिन समय फिर आता है, और हम फिर उसी जाल में फंस जाते हैं। आत्मा जाल में फड़फड़ाती है। यही जीवन है।

मैं जानता हूँ ये मुश्किलें कितनी भारी होती हैं। अधिकतर लोग इनसे टूट जाते हैं, हार मान लेते हैं, और फिर धीरे-धीरे आशावाद छोड़कर संदेह में बदल जाते हैं—ईमानदारी, प्रेम और हर ऊँची चीज़ पर भरोसा खो देते हैं।

यही कारण है कि कई लोग, जो अपने जीवन की शुरुआत में

दयालु और सरल होते हैं, उम्र के साथ जटिल, कठोर और मुखौटे पहनने वाले बन जाते हैं—मन के भीतर उलझनों का बोझ लेकर।

हो सकता है इन लोगों में बहुत-सी सतही सज्जनता हो। वे न तो गुस्सा करते हैं, न बोलते हैं—लेकिन ऐसा करना उनके लिए बेहतर होता। उनके दिल मरे हुए हैं, इसलिए वे चुप हैं। वे न तो गाली दे सकते हैं, न ही नाराज़ हो सकते हैं; पर अगर वे गाली दे सकते, तो वह कहीं बेहतर होता। वे अब कुछ भी नहीं कर सकते। उनके दिल में जीवन नहीं है, क्योंकि ठंडी भावनाओं ने उसे जकड़ लिया है। न गुस्सा, न कठोर शब्द—कुछ भी नहीं बचा।

हमें इस हालत से खुद को बचाना है। इसलिए मैं कहता हूँ—हमें साधारण मानवीय शक्ति से अधिक, एक अति दिव्य शक्ति की ज़रूरत है। केवल वही एक रास्ता है—हमें उसी रास्ते पर चलना होगा। वही हमें इन उलझनों, इन दुखों से बिना टूटे हुए निकाल सकता है। हम बिखर सकते हैं, फिर भी हमारे दिल को और ऊँचा और बड़ा बनना होगा।

यह मुश्किल है, लेकिन निरंतर अभ्यास से इसे हासिल किया जा सकता है। जब तक हम अपने आपको भीतर से इसके लिए तैयार नहीं करेंगे, कुछ भी हासिल नहीं होगा।

*

मैंने कहा था कि जब तक शरीर तैयार नहीं होता, तब तक कोई बीमारी नहीं आ सकती। यह सिर्फ कीटाणुओं पर निर्भर नहीं करता, बल्कि शरीर की पहले से मौजूद प्रवृत्ति पर भी निर्भर करता है। हमें वही मिलता है, जिसके लिए हम तैयार होते हैं।

हमें अपना अहंकार छोड़ देना चाहिए और समझना चाहिए कि

कोई भी दुख बेवजह नहीं होता। कोई भी चोट बिना कारण नहीं आती। कोई भी बुराई ऐसी नहीं होती, जिसके लिए मैंने खुद रास्ता न खोला हो। यह बात हमें समझनी चाहिए।

अगर आप खुद का विश्लेषण करेंगे, तो पाएंगे कि जो भी चोट या आघात आपको मिला, वह इसलिए आया क्योंकि आपने खुद को उसके लिए तैयार किया था। आधा हिस्सा आपने बनाया और आधा दुनिया ने—इस तरह वह घटना घटी। यह समझ हमें शांत बना देती है।

और इसी समझ से आशा भी मिलती है—आशा यह है: "बाहरी दुनिया मेरे नियंत्रण में नहीं है, लेकिन मेरा अपना मन और मेरा भीतर मेरे वश में है। अगर किसी विफलता के लिए दोनों की ज़रूरत है, और अगर किसी झटके के लिए बाहर और भीतर दोनों जिम्मेदार होते हैं, तो मैं अपना हिस्सा नहीं दूंगा। फिर झटका कैसे आएगा? अगर मैं खुद पर सच में नियंत्रण पा लूं, तो कोई झटका कभी नहीं लगेगा।"

*

अनासक्ति और अभ्यास से ध्यान सिद्ध होता है।

*

मैं तुम्हारे बारे में कुछ नहीं कह सकता, बस इतना जानता हूँ कि तुम मेरे प्रेम हो। तुम सुन्दर हो—ओह, कितने सुन्दर! तुम्हारा सौंदर्य तुम्हारा ही है।" इस योग में हमसे यही अपेक्षा की जाती है कि हमारी सुंदरता की प्यास ईश्वर की ओर मुड़ जाए।

मनुष्य के चेहरे, आकाश, तारों और चंद्रमा में जो सुंदरता दिखती

है, वह केवल सर्वव्यापी दिव्य सौंदर्य की एक झलक है। "वह चमकता है, उसी के कारण सब चमकते हैं।"

भक्ति की उस ऊँचाई तक पहुँचो जो तुम्हें एक ही बार में अपने सभी छोटे-छोटे व्यक्तित्वों को भुला देती है। खुद को संसार की छोटी स्वार्थपूर्ण आसक्तियों से अलग कर दो। मानवता को अपने सारे उद्देश्यों का केंद्र मत बनाओ। प्रकृति की घटनाओं को केवल एक साक्षी और विद्यार्थी की तरह देखो। मनुष्य के लिए व्यक्तिगत मोह को छोड़ो और देखो कि प्रेम की यह महान शक्ति संसार में कैसे कार्य कर रही है।

कभी-कभी इसमें थोड़ा घर्षण होता है, लेकिन वह केवल उच्च प्रेम को पाने के संघर्ष का हिस्सा है। कभी-कभी थोड़ा विवाद या गिरावट आती है; लेकिन वह केवल संयोग से होती है।

क तरफ खड़े हो जाओ और इन घर्षणों को स्वतंत्र रूप से आने दो। आप घर्षणों को तभी महसूस करते हैं जब आप दुनिया की धारा में होते हैं, लेकिन जब आप इसके बाहर सिर्फ एक साक्षी और एक छात्र के रूप में होते हैं, तो आप देख पाएंगे कि लाखों-करोड़ों चैनल हैं जिनमें भगवान खुद को प्रेम के रूप में प्रकट कर रहे हैं।

*

भक्तियोगी जीवन के संघर्षों का अर्थ जानता है; वह उन्हें समझता है। वह इन संघर्षों की लंबी श्रृंखला से गुजर चुका है और जानता है कि वे क्या दर्शाते हैं, और वह उनसे मुक्त होने की सच्ची इच्छा रखता है। वह टकराव नहीं चाहता—वह सीधे आकर्षण के सबसे बड़े केंद्र, महान हरि की ओर जाना चाहता है।

यही है भक्त का त्याग। भगवान की ओर यह गहरा आकर्षण

उसके लिए बाकी सभी आकर्षणों को मिटा देता है। भगवान का यह अनंत प्रेम जब उसके हृदय में प्रवेश करता है, तो वहाँ किसी और प्रेम के लिए जगह नहीं बचती।

और हो भी क्या सकता है? भक्ति उसका हृदय प्रेम के उस दिव्य जल से भर देती है, जो स्वयं भगवान हैं; वहाँ छोटे प्रेम टिक ही नहीं सकते। भक्त का त्याग वैराग्य है—उन सभी चीजों से अनासक्ति जो भगवान नहीं हैं, जो भगवान के प्रति इस महान प्रेम की वजह से ही जन्म लेती है।

*

जब भी हम किसी चीज को "मेरा" कहते हैं, तभी दुख शुरू होता है। मन में भी यह मत कहो "मेरा बच्चा"—बच्चा हो सकता है, लेकिन "मेरा" मत जोड़ो। ऐसा करते ही दुख आएगा।

"मेरा घर", "मेरा शरीर"—ऐसा मत कहो। यही तो सारी मुश्किल की जड़ है। यह शरीर न तुम्हारा है, न मेरा, न किसी का। शरीर प्रकृति के नियमों से आता और जाता है, लेकिन हम उससे स्वतंत्र हैं, केवल साक्षी हैं।

शरीर एक दीवार या चित्र जितना ही महत्व रखता है। फिर हमें उससे इतना लगाव क्यों है? जैसे चित्रकार चित्र बनाकर आगे बढ़ जाता है, वैसे ही हमें भी स्वार्थ का जाल नहीं बुनना चाहिए। "मुझे इसे पाना है"—यही जाल दुख की शुरुआत है।

कर्मयोग कहता है: पहले इस स्वार्थ की प्रवृत्ति को खत्म करो, और जब ताकत आ जाए, तो मन को उस रास्ते पर मत चलने दो। फिर संसार में जाओ, जितना हो सके उतना काम करो, सबमें मिलो-जुलो—तुम बुराई से कभी दूषित नहीं होगे। जैसे कमल-पत्ता पानी में रहकर भी गीला नहीं होता, वैसे ही तुम

दुनिया में रहकर भी उससे चिपकोगे नहीं। यही वैराग्य है—अनासक्ति।

मैंने पहले भी कहा है: बिना अनासक्ति के कोई योग संभव नहीं। यह सभी योगों की जड़ है। जो रेगिस्तान चला जाए, अच्छे कपड़े खाना छोड़ दे, वह सबसे अधिक आसक्त हो सकता है। उसका शरीर ही उसकी इकलौती चिंता बन सकता है, और वह उसी के लिए लड़ता रहेगा।

अनासक्ति का मतलब यह नहीं है कि हम बाहरी रूप से क्या करते हैं—यह सब मन का विषय है। "मैं और मेरा" का बंधन मन में होता है। अगर मन में यह जुड़ाव नहीं है, तो हम कहीं भी रहें, अनासक्त हैं। कोई राजा भी अनासक्त हो सकता है, और फटे कपड़ों में भी कोई बहुत आसक्त।

सबसे पहले हमें अनासक्ति की यह स्थिति प्राप्त करनी होगी और फिर निरंतर काम करना होगा। कर्म-योग हमें वह तरीका बताता है जो हमें सभी आसक्ति को त्यागने में मदद करेगा, हालाँकि यह वास्तव में बहुत कठिन है।

*

शरीर एक ओर हमारा शत्रु है, और दूसरी ओर हमारा मित्र भी है। तुममें से कौन है जो दुख को सामने देखकर सह सकता है? और तुममें से कौन ऐसा नहीं कर सकता जब वही दुख सिर्फ एक पेंटिंग हो? क्योंकि वह असली नहीं होता, हम उससे जुड़ते नहीं—हम जानते हैं कि वह केवल एक चित्र है, इसलिए वह हमें आशीर्वाद नहीं दे सकता, न ही चोट पहुँचा सकता।

कैनवास पर बने सबसे भयानक दुख को भी हम शांति से देख सकते हैं। हम कलाकार की कला की सराहना करते हैं, उसकी

प्रतिभा को मानते हैं—even अगर चित्र सबसे डरावना हो। यही रहस्य है—अनासक्ति। बस साक्षी बनो।

*

बचपन से मैंने कृष्ण के जीवन की कहानियाँ सुनी हैं। मुझे लगता है कि कृष्ण नाम का कोई व्यक्ति ज़रूर रहा होगा, और उनकी गीता से यह साफ़ है कि उन्होंने एक अद्भुत ग्रंथ छोड़ा है।

मैंने पहले भी कहा है—किसी व्यक्ति का चरित्र उसके बारे में बनी दंतकथाओं से समझा जा सकता है। दंतकथाएँ सजावटी होती हैं, लेकिन उनका मूल व्यक्ति के स्वभाव से मेल खाता है। उन्हें उसी के अनुसार गढ़ा और चमकाया जाता है।

जैसे बुद्ध को लो—उनकी हर कथा में बलिदान का भाव दिखेगा। यह उनका केंद्रीय गुण है। लिंकन के बारे में भी ढेरों कहानियाँ हैं, लेकिन उन सभी में एक साझा विचार झलकता है—वही उनकी असली पहचान है।

कृष्ण को देखो—उनकी हर कहानी में अनासक्ति है। वह कुछ नहीं चाहते, किसी चीज़ से बंधे नहीं हैं। वे केवल कर्म करते हैं, सिर्फ कर्म के लिए। "काम करो क्योंकि काम करना ही सही है, पूजा करो क्योंकि पूजा करना सही है"—यही उनका मूल स्वभाव रहा होगा। नहीं तो इतनी सारी कथाएँ इस एक विचार पर टिक नहीं सकती थीं।

*

जितना अधिक शरीर और मन शुद्ध होंगे, उतनी ही जल्दी इच्छित फल मिलेगा। तुम्हें पूरी तरह से शुद्ध होना चाहिए। बुरे विचार

मत लाओ, वे तुम्हें गिरा देंगे।

अगर तुम पूरी तरह से शुद्ध हो और ईमानदारी से अभ्यास करते हो, तो तुम्हारा मन अंततः अनंत शक्ति का एक सर्चलाइट बन सकता है। इसकी पहुंच की कोई सीमा नहीं होगी।

लेकिन इसके लिए निरंतर अभ्यास और संसार से अनासक्ति ज़रूरी है। जब मनुष्य अतिचेतन अवस्था में पहुँचता है, तब शरीर की सारी भावनाएँ शांत हो जाती हैं। तभी वह मुक्त और अमर बनता है।

स्वतंत्रता

दुख रहित सुख या मृत्यु रहित जीवन की कल्पना बच्चों के लिए तो ठीक है, लेकिन एक विचारशील व्यक्ति जानता है कि ये बातें खुद में ही विरोधाभासी हैं—इसलिए वह दोनों को छोड़ देता है। जो भी काम करो, उसके लिए तारीफ़ या इनाम की उम्मीद मत रखो।

जैसे ही हम कुछ अच्छा करते हैं, तुरंत उसका श्रेय पाने की इच्छा पैदा हो जाती है। जैसे ही हम कुछ दान करते हैं, चाहते हैं कि अखबारों में नाम आए। ऐसी इच्छाओं का अंत हमेशा दुख में होता है।

दुनिया के सबसे महान लोग बिना किसी पहचान के ही चले गए। जिन बुद्धों और ईसा मसीह को हम जानते हैं, वे भी उन अनजाने नायकों से पीछे हैं जिनका नाम कोई नहीं जानता।

हर देश में ऐसे सैकड़ों गुमनाम नायक चुपचाप काम करते रहे हैं। वे शांति से जीते हैं और चले जाते हैं। बाद में, उनके विचार बुद्धों या मसीह जैसे ज्ञात व्यक्तित्वों में प्रकट होते हैं।

सच्चे महान लोग अपने ज्ञान से नाम या प्रसिद्धि नहीं चाहते। वे अपने विचार छोड़ते हैं, लेकिन अपने लिए कोई दावा नहीं करते। वे अपने नाम पर कोई संस्था नहीं बनाते। उनका स्वभाव ही इन सब चीजों से दूर होता है।

*

मान लीजिए आज़ादी आपकी असली प्रकृति नहीं है, तो आप

किसी भी उपाय से सच में आज़ाद नहीं हो सकते। मान लीजिए कि आप कभी आज़ाद थे और फिर किसी वजह से आपने वह आज़ादी खो दी—तो इसका मतलब है कि आप पहले से ही पूरी तरह आज़ाद नहीं थे।

अगर आप सच में आज़ाद होते, तो उसे खोने के लिए कुछ करना ही नहीं पड़ता। एक जो वास्तव में स्वतंत्र है, उसे कभी आश्रित नहीं बनाया जा सकता; और अगर वह बन भी गया, तो उसकी आज़ादी असली नहीं थी—वह बस एक भ्रम थी।

आप आत्मा की अमरता को नहीं मान सकते जब तक आप यह न मानें कि आत्मा स्वभाव से ही स्वतंत्र है—दूसरे शब्दों में, उस पर कोई बाहरी चीज़ असर नहीं डाल सकती। क्योंकि मृत्यु किसी बाहरी कारण से होने वाला असर है। जैसे अगर मैं विष पी लूं और मर जाऊं, तो यह दिखाता है कि मेरे शरीर पर कोई बाहरी वस्तु—विष—असर डाल सकती है।

लेकिन अगर आत्मा सच में स्वतंत्र है, तो इसका मतलब है कि कोई चीज़ उस पर असर नहीं डाल सकती, और इसलिए वह कभी मर नहीं सकती। स्वतंत्रता, अमरता और आनंद—सब इसी बात पर निर्भर करते हैं कि आत्मा कारण और प्रभाव के नियम से परे है, इस माया से परे है।

अब दो रास्ते हैं—या तो आप पहले को भ्रम मानें, या दूसरे को। मैं निश्चित रूप से माया और बंधन को भ्रम मानूंगा। यह मेरी भावना और आकांक्षाओं से ज़्यादा मेल खाता है। मैं जानता हूँ कि मैं स्वभाव से स्वतंत्र हूँ, और मैं यह नहीं मान सकता कि बंधन सच्चा है और मेरी स्वतंत्रता केवल एक भ्रम है।

*

अगर तुम साहस करके कहो कि तुम आज़ाद हो, तो तुम उसी पल आज़ाद हो जाओगे। लेकिन अगर तुम कहते हो कि तुम बंधे हो, तो तुम बंधन में ही रहोगे। यही अद्वैतवाद निर्भीकता से कहता है। मैंने तुम्हें द्वैतवादियों की बातें बता दी हैं—अब तुम्हारी मर्ज़ी है कि तुम क्या चुनते हो।

*

गुलामी, चाहे जैसी हो, गुलामी ही होती है। सोने की जंजीर भी लोहे की जंजीर जितनी ही बुरी है। तो क्या इससे निकलने का कोई रास्ता है?

ये बस अपने असली स्वरूप को याद करने की बात है, कर्म से मुक्ति पाने की नहीं। क्या तुम्हें सच में मुक्ति मिलती है? नहीं, तुम तो पहले से ही मुक्त हो।

बस कहते रहो, "मैं मुक्त हूँ।" अगर अगले ही पल भ्रम आकर कहे, "मैं बंधा हूँ," तो भी कोई बात नहीं। पूरे भ्रम को सम्मोहित कर दो।

सबसे पहले इस सत्य को सुनो। फिर दिन-रात इस पर सोचो। दिन-रात मन को इस विचार से भर दो: "मैं वही हूँ। मैं ब्रह्मांड का स्वामी हूँ। कभी कोई बंधन था ही नहीं।"

पूरे मन से इसका ध्यान करो जब तक यह सच न लगने लगे, जब तक ये दीवारें, घर, सब कुछ पिघलता न दिखे, और शरीर वगैरह सब कुछ गायब न हो जाए। और तब सिर्फ "मैं" रहूँगा — बस मैं, अकेला।

संघर्ष करते रहो! कहो, "मुझे फर्क नहीं पड़ता! मैं सिर्फ आज़ादी

चाहता हूँ; न कोई शक्ति चाहिए, न दुनिया, न स्वर्ग, न नरक। मुझे कोई परवाह नहीं कि मन काबू में है या नहीं — जाने दो, इससे फर्क नहीं पड़ता। मैं मन नहीं हूँ, तो इसे जैसे है वैसा रहने दो।”

*

जब हम खुद को नाम और रूप से, खास तौर पर शरीर से मुक्त कर लेते हैं - जब हमें किसी शरीर की जरूरत नहीं होती, चाहे वह अच्छा हो या बुरा - तभी हम बंधन से मुक्त हो सकते हैं। शाश्वत प्रगति शाश्वत बंधन है; रूप का विनाश बेहतर है। हमें किसी भी शरीर से मुक्त होना चाहिए, चाहे वह “ईश्वर-शरीर” ही क्यों न हो। ईश्वर ही एकमात्र वास्तविक अस्तित्व है, दो नहीं हो सकते। केवल एक आत्मा है, और मैं वही हूँ।

*

सारी प्रकृति अपने सभी परमाणुओं के माध्यम से एक ही चीज़ के लिए पुकार रही है - अपनी संपूर्ण स्वतंत्रता के लिए। हम इस तरीके के बारे में चाहे कितने भी गलत क्यों न हों, हमारा सारा संघर्ष वास्तव में स्वतंत्रता के लिए है। हम न तो दुख चाहते हैं और न ही सुख, बल्कि स्वतंत्रता चाहते हैं, केवल स्वतंत्रता। यह एक लक्ष्य ही मनुष्य की अतृप्त प्यास का रहस्य है।

*

सभी मामलों में स्वतंत्रता अर्थात मुक्ति की ओर बढ़ना ही मनुष्य का सबसे बड़ा लाभ है। स्वयं को शारीरिक, मानसिक और आध्यात्मिक स्वतंत्रता की ओर बढ़ाना और दूसरों को ऐसा करने में मदद करना ही मनुष्य का सर्वोच्च पुरस्कार है।

जो सामाजिक नियम इस स्वतंत्रता के विकास में बाधा डालते हैं, वे हानिकारक हैं और उन्हें शीघ्रता से नष्ट करने के लिए कदम उठाए जाने चाहिए। उन संस्थाओं को प्रोत्साहित किया जाना चाहिए जिनके द्वारा मनुष्य स्वतंत्रता के मार्ग पर आगे बढ़ता है।

*

स्वतंत्रता अमरता से अभिन्न रूप से जुड़ी हुई है। स्वतंत्र होने के लिए व्यक्ति को प्रकृति के नियमों से ऊपर होना चाहिए। जब तक हम अज्ञानी हैं, तब तक कानून मौजूद है। जब ज्ञान आता है, तब हम पाते हैं कि कानून हमारे भीतर स्वतंत्रता के अलावा और कुछ नहीं है।

इच्छा कभी भी स्वतंत्र नहीं हो सकती, क्योंकि यह कारण और प्रभाव का दास है। लेकिन इच्छा के पीछे का "मैं" स्वतंत्र है; और यही आत्मा है। "मैं स्वतंत्र हूँ" - यही वह आधार है जिस पर निर्माण और जीवन है। और स्वतंत्रता का अर्थ है अमरता।

*

काम अपरिहार्य है, ऐसा होना ही चाहिए; लेकिन हमें उच्चतम उद्देश्य के लिए काम करना चाहिए। कर्म-योग हमें यह स्वीकार करवाता है कि यह संसार पाँच मिनट का संसार है, कि यह ऐसी चीज़ है जिससे हमें गुज़रना है; और यह कि मुक्ति यहाँ नहीं है, बल्कि इसे केवल इसके परे ही पाया जा सकता है।

संसार के बंधनों से बाहर निकलने का रास्ता खोजने के लिए हमें धीरे-धीरे और निश्चित रूप से इससे गुज़रना होगा। ऐसे असाधारण व्यक्ति हो सकते हैं जिनके बारे में मैंने अभी बात की, जो एक तरफ़ खड़े होकर संसार को त्याग सकते हैं, जैसे एक साँप अपनी केंचुल उतारकर एक तरफ़ खड़े होकर उसे देखता है।

निस्संदेह ये असाधारण प्राणी हैं; लेकिन बाकी मानवजाति को कर्म की दुनिया से धीरे-धीरे गुज़रना होगा। कर्म-योग प्रक्रिया, रहस्य और इसे सर्वोत्तम लाभ के लिए करने की विधि दिखाता है।

यह क्या कहता है? "लगातार काम करो, लेकिन काम के प्रति सभी आसक्ति को त्याग दो।"

*

स्वतंत्रता आत्मा का स्वभाव है—यह उसका जन्मसिद्ध अधिकार है। आत्मा की असली स्वतंत्रता ही मनुष्य की स्पष्ट स्वतंत्रता के रूप में बाहर झलकती है, जो पदार्थ के आवरणों के पार चमकती है।

हर पल हम महसूस करते हैं कि हम स्वतंत्र हैं। हम एक पल के लिए भी यह सोचे बिना बात नहीं कर सकते, सांस नहीं ले सकते, कि हम आज़ाद हैं। लेकिन थोड़ा सोचते ही समझ आता है कि हम तो मशीन जैसे हैं—बिलकुल स्वतंत्र नहीं।

तो फिर सच्चाई क्या है? क्या यह स्वतंत्रता का विचार ही भ्रम है? एक सोच मानती है कि स्वतंत्रता भ्रम है, दूसरी सोचती है कि बंधन भ्रम है।

असल में क्या होता है? मनुष्य वास्तव में स्वतंत्र है, और असली मनुष्य कभी बंधा नहीं हो सकता। लेकिन जब वह माया की दुनिया में आता है—नाम और रूप में—तभी वह बंधता है।

"स्वतंत्र इच्छा" सिर्फ एक नाम है। इच्छा कभी भी सच में स्वतंत्र नहीं हो सकती, क्योंकि यह बंधे होने की स्थिति में ही पैदा होती

है। इच्छा तो बंधी होती है, लेकिन जिसके आधार पर इच्छा टिकी है—वह हिस्सा हमेशा स्वतंत्र रहता है।

इसीलिए, चाहे हम मनुष्य हों या देवता, चाहे धरती पर हों या स्वर्ग में, हम उस स्वतंत्रता को अब भी याद करते हैं जो हमारे ईश्वरीय स्वभाव से जुड़ी है। और हम सब, चाहे जानें या न जानें, उसी की ओर खिंचे चले जाते हैं।

जब मनुष्य अपनी स्वतंत्रता को पा लेता है, तो कोई भी नियम उसे नहीं बांध सकता, क्योंकि पूरा ब्रह्मांड उसी का है—और फिर उस पर कोई कानून लागू नहीं होता।

*

एक बार मैं भारत के रेगिस्तान में यात्रा कर रहा था। एक महीने से ज़्यादा समय तक मैं सफर करता रहा और रास्ते में हर दिन मुझे बहुत सुंदर नज़ारे और झीलें दिखाई देती थीं।

फिर एक दिन मुझे बहुत प्यास लगी और मैंने सोचा कि इन झीलों में से किसी एक से पानी पी लूं। लेकिन जब मैं झील के पास पहुँचा, तो वह झील गायब हो गई। तभी मेरे मन में ख्याल आया कि यह वही मृगतृष्णा है, जिसके बारे में मैंने हमेशा पढ़ा था। फिर मुझे अपनी मूर्खता पर हँसी आई—मैंने पिछले एक महीने में जितने भी सुंदर दृश्य और झीलें देखीं थीं, वे सब मृगतृष्णा थीं, लेकिन मैं तब समझ नहीं पाया।

अगले दिन जब मैंने फिर यात्रा शुरू की, तो फिर वही झीलें और दृश्य दिखाई दिए। लेकिन इस बार मेरे मन में तुरंत विचार आया, "यह मृगतृष्णा है।"

एक बार जब यह समझ आ गई, तो उस मृगतृष्णा का भ्रम टूट गया। अब उसमें कोई झूठी शक्ति नहीं रही। इसी तरह एक दिन ब्रह्मांड का यह भ्रम भी टूट जाएगा। यह सब गायब हो जाएगा, पिघल जाएगा। यही सच्चा बोध है।

*

अद्वैत दर्शन के अनुसार, यह जो भेद दिखाई देता है—पदार्थ का अंतर और अलग-अलग घटनाएँ—ऐसा लगता है मानो ये कुछ समय के लिए मनुष्य की सच्ची प्रकृति को ढक रही हों। लेकिन वास्तव में मनुष्य की सच्ची प्रकृति में कोई बदलाव नहीं आया है। सबसे छोटे कीड़े में भी, और सबसे ऊँचे मनुष्य में भी, वही दिव्य प्रकृति मौजूद है।

कृमि योनि वह निम्न अवस्था है जहाँ माया ने देवत्व को सबसे ज़्यादा ढक रखा है; और उच्च अवस्था वह है जहाँ माया की परत सबसे कम है। हर चीज़ के पीछे वही देवत्व छिपा है, और यहीं से नैतिकता की जड़ निकलती है।

किसी को दुःख मत दो। सबको अपने जैसा प्रेम करो, क्योंकि पूरा ब्रह्मांड एक ही है। किसी को दुःख देने का मतलब है खुद को दुःख देना; किसी से प्रेम करने का मतलब है खुद से प्रेम करना।

यहीं से अद्वैत का वह नैतिक सिद्धांत निकलता है, जिसे एक शब्द में कहा जाता है — आत्म-त्याग। अद्वैतवादी कहता है, मेरा यह छोटा-सा व्यक्तिगत 'मैं' ही मेरे सारे दुःखों की जड़ है।

यही 'मैं' जो मुझे दूसरों से अलग करता है, घृणा, ईर्ष्या, दुःख, संघर्ष और बाकी सारी बुराइयाँ लाता है। इसे छोड़ना होगा। हमें सबसे छोटे जीव के लिए भी अपने प्राण देने को तैयार रहना चाहिए।

जिस पल कोई व्यक्ति एक कीड़े के लिए भी अपना जीवन देने को तैयार हो जाता है, वह उस पूर्णता को पा लेता है जिसे अद्वैतवादी चाहता है; और उसी क्षण अज्ञान का पर्दा हट जाता है, और वह अपने असली स्वरूप को जान लेता है।

इस जीवन में भी, वह अनुभव करता है कि वह पूरे ब्रह्मांड के साथ एक है। कुछ पल के लिए यह सारा दृश्य जगत जैसे मिट जाता है, और वह जानता है कि वह वास्तव में क्या है। लेकिन जब तक शरीर का कर्म बाकी है, उसे जीना ही पड़ेगा।

यह अवस्था, जब आवरण हट जाता है, फिर भी शरीर कुछ समय तक बना रहता है, उसे वेदान्ती जीवनमुक्ति कहते हैं।

*

मन शरीर नहीं है, लेकिन वह भी एक सूक्ष्म रूप में पदार्थ ही है। वह शरीर से हमेशा के लिए जुड़ा हुआ नहीं है। यह तब साबित होता है जब हम कभी-कभी इससे मुक्त हो जाते हैं। इंद्रियों को वश में करके हम यह करना सीख सकते हैं।

जब हम पूरी तरह ऐसा करने में सफल हो जाते हैं, तब हम ब्रह्मांड को वश में कर सकते हैं, क्योंकि हमारी दुनिया वही है जो इंद्रियाँ हमें दिखाती हैं। स्वतंत्रता ही उच्च सत्ता की असली कसौटी है। आध्यात्मिक जीवन वहीं से शुरू होता है जब हम खुद को इंद्रियों की पकड़ से आज़ाद कर लेते हैं। जो व्यक्ति इंद्रियों के अधीन है, वह सांसारिक है — वह एक दास है।

अगर हम मन को पूरी तरह तरंगों में विभाजित होने से रोक दें, तो वह शरीर को समाप्त कर देगा। लाखों वर्षों से हम इन शरीरों को बनाने में लगे हैं, और इसी प्रयास में हम अपने असली उद्देश्य को भूल गए हैं — पूर्ण बनना।

हमने यह मान लिया है कि शरीर ही हमारे प्रयासों का लक्ष्य है। यही माया है। इस भ्रम को तोड़ना होगा और अपने असली लक्ष्य पर लौटना होगा — यह समझना होगा कि हम शरीर नहीं हैं, यह सिर्फ हमारा सेवक है।

*

इच्छा की स्वतंत्रता वैसी ही है जैसे आप महसूस करते हैं कि आप कार्य करने के लिए स्वतंत्र हैं। लेकिन यह स्वतंत्रता भी एक तरह की आवश्यकता ही है। विचार और क्रिया के पहले, बाद और बीच में एक अनंत श्रृंखला है, फिर भी हम इसे स्वतंत्रता कहते हैं — जैसे कोई पक्षी किसी चमकदार कमरे में उड़ता है। हम स्वतंत्रता महसूस करते हैं और यही लगता है कि इसका कोई और कारण नहीं है।

हम चेतना से आगे नहीं जा सकते, इसलिए हमें लगता है कि हम स्वतंत्र हैं। हम इसे चेतना के पार नहीं समझ सकते। केवल ईश्वर ही सच्ची स्वतंत्रता का अनुभव करता है। संत और महापुरुष ईश्वर के साथ एकता महसूस करते हैं, इसलिए वे भी यह सच्ची स्वतंत्रता महसूस करते हैं।

आप एक धारा को बंद करके उसका पानी फव्वारे में जमा कर सकते हैं, लेकिन उससे निकलने वाला जल पहले से तय रहेगा। स्वतंत्रता केवल इसी सीमा तक है। असली स्रोत हमेशा वैसा ही रहता है।

सब कुछ पहले से तय है — और इसी तय व्यवस्था का हिस्सा यह अनुभव भी है कि हम स्वतंत्र हैं। हम महसूस करते हैं कि हम अपने काम खुद तय करते हैं। यह भावना ही ज़िम्मेदारी का कारण बनती है। कोई पूर्ण शक्ति नहीं है — शक्ति केवल उस क्षण की सजगता है जो आवश्यकता से बनी है।

मनुष्य यह सोचता है कि "मैं काम कर रहा हूँ", और इसी को वह स्वतंत्रता कहता है। इस शक्ति के साथ ज़िम्मेदारी जुड़ी होती है। भले ही सब कुछ पूर्वनिर्धारित हो, हम उसमें अपनी भूमिका का असर महसूस करते हैं — जैसे एक गेंद जिसे फेंका गया हो, खुद प्रतिक्रिया नहीं जानती, लेकिन हम जानने का भ्रम रखते हैं।

यह सहज आवश्यकता, जिसे हम अपनी स्वतंत्रता समझते हैं, हमारे द्वारा बनाए गए सचेत संबंधों को नहीं बदलती। सापेक्ष संबंध वही रहते हैं। या तो सब स्वतंत्र हैं या सब किसी ज़रूरत के अधीन हैं — फर्क नहीं पड़ता। पाप और पुण्य फिर भी वैसे ही बने रहते हैं।

अगर चोर यह कहे कि उसे मजबूरी में चोरी करनी पड़ी, तो मजिस्ट्रेट भी कहेगा कि उसे मजबूरी में सज़ा देनी है। हम एक कमरे में हैं, और कमरा घूम रहा है — लेकिन हमारे बीच का संबंध वैसा ही बना रहता है।

कारणों की इस अंतहीन श्रृंखला से बाहर निकलना ही मुक्ति है। जो आत्माएँ मुक्त होती हैं, वे किसी मजबूरी से नहीं चलतीं — वे ईश्वर के समान होती हैं। वे खुद कारण बनती हैं, किसी कारण की देन नहीं होतीं। ईश्वर ही पूर्ण रूप से स्वतंत्र हैं — उनकी इच्छा किसी और चीज़ से नहीं आती, वह स्वयं शुरुआत हैं, और वे हमेशा उसी तरह प्रकट होते हैं।

इच्छा ही असली प्रार्थना है — शब्द नहीं। लेकिन आपको धैर्य रखना होगा और देखना होगा कि क्या आपकी प्रार्थनाएँ वास्तव में सुनी जा रही हैं।

*

वेदान्त में संघर्ष की जगह है, लेकिन डर की नहीं। जैसे ही तुम

अपने स्वभाव को समझना शुरू करते हो, डर मिटने लगता है। अगर तुम सोचते हो कि तुम बंधे हो, तो बंधे ही रहोगे; अगर सोचो कि तुम स्वतंत्र हो, तो सच में स्वतंत्र हो जाओगे।

जब हम अनुभव में होते हैं, तब जो स्वतंत्रता हमें महसूस होती है, वह असली स्वतंत्रता की बस एक झलक होती है—अभी वह पूरी तरह सच्ची नहीं होती।

मैं इस विचार से सहमत नहीं हूँ कि स्वतंत्रता का मतलब है प्रकृति के नियमों का पालन करना। इसका मतलब क्या है, ये मैं नहीं समझता। इतिहास हमें बताता है कि इंसान ने जितनी भी तरक्की की है, वह प्रकृति की अवज्ञा करके ही की है।

कहा जा सकता है कि नीचे के नियमों को ऊपर के नियमों से हराया गया। लेकिन हर बार जीत की चाह में मन हमेशा स्वतंत्र होने की कोशिश कर रहा था। जैसे ही मन को लगा कि संघर्ष भी नियमों से बंधा है, उसने उन नियमों को भी पार करना चाहा। इसलिए हर बार आदर्श वही रहा — स्वतंत्रता।

पेड़ कभी नियम नहीं तोड़ते। गाय कभी चोरी नहीं करती। सीप झूठ नहीं बोलती। फिर भी ये मनुष्य से महान नहीं हैं। जीवन में स्वतंत्रता की एक जबरदस्त माँग है, और अगर नियमों को अंधाधुंध मान लिया जाए, तो हम समाज, राजनीति या धर्म में एक पुतले से ज़्यादा नहीं बन पाते।

बहुत ज़्यादा कानून होना तय करता है कि मृत्यु निकट है। किसी भी समाज में अगर कानून ज़्यादा हो गए, तो समझ लो वह समाज मरने वाला है। अगर तुम भारत का इतिहास देखो, तो पाओगे कि हिंदुओं के पास सबसे ज़्यादा नियम-कायदे रहे हैं — और इसी कारण वे एक समय राष्ट्रीय रूप से समाप्त हो गए।

लेकिन हिंदुओं के पास एक अनोखी बात भी थी — उन्होंने कभी धर्म में कोई कठोर सिद्धांत या हठधर्मिता नहीं बनाई। इसी वजह से, धर्म में ही सबसे ज़्यादा प्रगति हुई। अगर तुम कहते हो कि कानून शाश्वत है, तो तुम स्वतंत्रता को सीमित कर देते हो — और वह स्वतंत्रता नहीं रह जाती।

*

किसी कमरे के वातावरण को सम्मोहित किया जा सकता है ताकि उसमें प्रवेश करने वाला हर व्यक्ति तरह-तरह की चीजें देख सके - हवा में उड़ते हुए लोग और वस्तुएं।

हर कोई पहले से ही सम्मोहित है। स्वतंत्रता प्राप्त करने का, अपने वास्तविक स्वरूप को महसूस करने का कार्य, सम्मोहन-मुक्ति में निहित है।

एक बात याद रखनी चाहिए कि हम कोई शक्ति प्राप्त नहीं कर रहे हैं। हमारे पास पहले से ही शक्तियां हैं। विकास की पूरी प्रक्रिया ही सम्मोहन-मुक्ति है।

*

केवल स्वतंत्रता ही सच्ची नैतिकता उत्पन्न कर सकती है। यदि कारण और प्रभाव की केवल एक अंतहीन श्रृंखला होती, तो निर्वाण संभव नहीं होता। यह इस श्रृंखला से बंधे हुए प्रतीत होने वाले आत्म का विलुप्त होना है। यही स्वतंत्रता का निर्माण करता है, कार्य-कारण से परे जाना।

*

हमारे चारों ओर जो कुछ भी है — परमाणु से लेकर मानव

आत्मा तक — सब कुछ मुक्ति के लिए संघर्ष कर रहा है। यह संघर्ष ही पूरे ब्रह्मांड की रचना का कारण है।

हर कण अपने रास्ते पर आगे बढ़ना चाहता है, दूसरों से दूर भागना चाहता है, लेकिन दूसरे उसे रोकते हैं। पृथ्वी सूर्य से दूर जाना चाहती है, चंद्रमा पृथ्वी से। हर चीज में फैलने, आज़ाद होने की एक स्वाभाविक चाह होती है।

इस संघर्ष की यही प्रवृत्ति है जो किसी संत को प्रार्थना करने पर मजबूर करती है और एक डाकू को चोरी करने पर। जब यह प्रवृत्ति गलत दिशा में जाती है तो हम उसे 'बुरा' कहते हैं, और जब यही ऊँची दिशा में जाती है तो हम उसे 'अच्छा' कहते हैं।

लेकिन अंदर की प्रेरणा एक ही होती है — मुक्ति की प्यास। संत को अपने बंधनों की पीड़ा होती है, इसलिए वह भगवान की ओर मुड़ता है। चोर को उस चीज़ की कमी का दर्द होता है, इसलिए वह पाने के लिए चोरी करता है। हर स्तर पर — जागरूक हो या अचेतन — यह स्वतंत्रता पाने की कोशिश चल रही है।

संत की चाही गई मुक्ति डाकू से बिल्कुल अलग है। संत की मुक्ति उसे अनंत प्रेम और शांति की ओर ले जाती है, जबकि डाकू की चाह अंत में सिर्फ और बंधनों को जन्म देती है।

*

बंधन और स्वतंत्रता, प्रकाश और छाया, अच्छाई और बुराई — ये सब साथ-साथ चलते हैं। अगर बंधन है, तो इसका मतलब स्वतंत्रता भी है। अगर एक सच है, तो दूसरा भी उतना ही सच है। स्वतंत्रता का विचार हमेशा रहेगा।

भले ही हम इसे सीधे न देख सकें, लेकिन अशिक्षित इंसान में भी जब वह किसी चीज़ से जूझता है, तो वह स्वतंत्रता के लिए संघर्ष ही है। उस जंगली इंसान में नैतिक या मानसिक बंधनों की चेतना बहुत कम होती है, क्योंकि उसका स्वभाव अभी भी पशु के क़रीब है। वह जिस चीज़ से संघर्ष करता है, वह है भौतिक ज़रूरतों की कमी, शारीरिक असुविधा। लेकिन उसी छोटी चेतना से धीरे-धीरे नैतिक बंधन की समझ और आध्यात्मिक आज़ादी की लालसा जन्म लेती है और फैलती है।

इसमें हम ईश्वर को अज्ञान के एक मोटे पर्दे के पीछे से झलकते हुए देखते हैं। शुरू में यह पर्दा इतना घना होता है कि प्रकाश लगभग दिखता ही नहीं, फिर भी वह वहां होता है — हमेशा शुद्ध, अछूता — स्वतंत्रता और पूर्णता की चमकती हुई ज्वाला। मनुष्य उसे ब्रह्मांड के स्वामी के रूप में देखता है — एक स्पतंत्र सत्ता। उसे यह अभी नहीं पता कि वह ब्रह्मांड और ईश्वर एक ही हैं — फर्क केवल अनुभव की गहराई और हमारी समझ में है।

स्वतंत्रता ही लक्ष्य है

हमारी सबसे बड़ी चुनौती है — मुक्त होना। इसका मतलब साफ है: जब तक हम खुद को परम तत्व के रूप में नहीं पहचानते, तब तक मुक्ति नहीं मिल सकती।

इस लक्ष्य तक पहुँचने के कई रास्ते हैं, जिन्हें योग कहा जाता है — यानी खुद को अपनी असली प्रकृति से जोड़ना। हालाँकि योग के कई रूप हैं, पर इन्हें चार मुख्य प्रकारों में बाँटा जा सकता है। हर योग एक विशेष रास्ता है जो अलग-अलग स्वभाव के लोगों के लिए उपयुक्त होते हुए, आखिरकार हमें परम तत्व तक पहुँचाने में मदद करता है।

यह बात समझनी ज़रूरी है कि असली आत्मा को कोई बदलाव नहीं चाहिए — वह परम तत्व हमेशा से मुक्त और पूर्ण है। बस अज्ञान का एक परदा है जो कुछ समय के लिए उस स्वभाव को छिपा देता है, और उसे हटाना ही असली काम है।

हर योग प्रणाली (और हर धर्म किसी न किसी योग को दर्शाता है) का उद्देश्य है — उस अज्ञान को हटाना ताकि आत्मा फिर से अपनी असली स्थिति को पा सके। इस मुक्ति के दो प्रमुख साधन हैं: वैराग्य और अभ्यास। वैराग्य यानी जीवन की चीज़ों से अनासक्ति, क्योंकि इच्छाएँ ही बंधन लाती हैं। और अभ्यास का मतलब है — किसी एक योग का लगातार अभ्यास करते रहना।

*

प्रेम ही ईश्वर है, स्वतंत्रता ही ईश्वर है; और जहाँ भी बंधन है, वहाँ ईश्वर नहीं है।

मनुष्य पहले से ही स्वतंत्र है, लेकिन उसे इस स्वतंत्रता को खोजकर महसूस करना होता है। यह स्वतंत्रता उसके पास है, पर वह हर पल इसे भूलता रहता है। यही उसकी खोज है — चाहे वह इसे जाने-अनजाने में करे — और यही उसके जीवन की दिशा बन जाती है।

ऋषि और अज्ञानी में अंतर यह है कि ऋषि इस खोज को सचेत रूप से करता है, जबकि अज्ञानी अनजाने में। हर कोई स्वतंत्रता की ओर बढ़ रहा है — चाहे वह एक परमाणु हो या एक तारा। अज्ञानी तब संतुष्ट हो जाता है जब उसे भूख या प्यास से थोड़ी राहत मिल जाती है।

लेकिन ऋषि जानता है कि इससे कहीं बड़ा बंधन अभी बाकी है — और उसे भी तोड़ना है। वह बाहरी आज़ादी को असली स्वतंत्रता नहीं मानता।

*

हमारे दार्शनिकों के अनुसार, स्वतंत्रता ही अंतिम लक्ष्य है। ज्ञान लक्ष्य नहीं हो सकता, क्योंकि ज्ञान खुद एक मिश्रण है — यह शक्ति और स्वतंत्रता का मेल है। और मनुष्य केवल स्वतंत्रता के लिए ही संघर्ष करता है।

सिर्फ शक्ति होना पर्याप्त नहीं है। उदाहरण के लिए, एक वैज्ञानिक कुछ मील तक बिजली भेज सकता है; लेकिन प्रकृति इसे असीम दूरी तक भेज सकती है।

तो हम प्रकृति की पूजा क्यों नहीं करते? क्योंकि हम कानूनों में बंधना नहीं चाहते — हम उन्हें तोड़ने की शक्ति चाहते हैं। हम स्वतंत्र होना चाहते हैं, भले ही इसका अर्थ कभी-कभी नियमों का उल्लंघन हो। यदि हम केवल कानून से बंधे रहते हैं, तो हमारी हालत मिट्टी के ढेले जैसी हो जाएगी। यह बात नहीं कि हम कानून से ऊपर हैं या नहीं, बल्कि बात उस भावना की है — कि हम कानूनों से ऊपर जा सकते हैं। इसी विचार पर मानव इतिहास टिका है।

मान लो एक आदमी जंगल में रहता है, जिसे कभी कोई शिक्षा या ज्ञान नहीं मिला। वह एक पत्थर को गिरते हुए देखता है — एक सामान्य प्राकृतिक घटना — और सोचता है कि यह उसकी स्वतंत्र इच्छा से हो रहा है। वह समझता है कि पत्थर में आत्मा है और उसका गिरना एक स्वतंत्र क्रिया है।

लेकिन जैसे ही वह जानता है कि पत्थर को तो गिरना ही था, वह समझता है कि यह एक नियम से बंधा हुआ है — यह एक यांत्रिक घटना है। इंसान की खासियत यह है कि वह सड़क पर जा सकता है या नहीं भी जा सकता है। अगर मुझे पक्का लगे कि मुझे जाना ही है, तो मैं मशीन जैसा बन जाता हूँ। प्रकृति अपनी विशाल शक्ति के बावजूद एक मशीन जैसी है — स्वतंत्रता ही संवेदनशील जीवन को बनाती है।

वेदांत कहता है कि जंगल के आदमी की आंतरिक समझ सही है, पर उसकी व्याख्या गलत है। वह प्रकृति को स्वतंत्र मानता है, जबकि वह नियमों से बंधी हुई है।

हम जो काम करते हैं, उसमें अगर समानता लगातार दिखे, तो हम उसे नियम कहते हैं। लेकिन इंसान की क्रियाओं में, थोड़े-थोड़े समय के बाद फर्क दिखता है। इसलिए हम यह नहीं कहते कि हम पूरी तरह से नियमों में बंधे हैं। हर बार, कोई इच्छा काम

की शुरुआत करती है — और इस इच्छा में स्वतंत्रता की भावना होती है।

इसीलिए इंसान खुद को स्वतंत्र मानता है, क्योंकि वह देखता है कि उसके काम एक जैसे लगते हैं, लेकिन फिर भी हर बार उनके पीछे एक अलग इच्छा होती है। यही स्वतंत्रता का अहसास पैदा करता है।

प्रकृति में हम बहुत लंबे समय तक एकरूपता देखते हैं, इसलिए हमें लगता है कि वह नियम से बंधी है। लेकिन उस क्रिया की शुरुआत में भी कोई स्वतंत्र इच्छा रही होगी — बस वह अवधि बहुत लंबी है।

दार्शनिक सोच बताती है कि हम पूरी तरह स्वतंत्र नहीं हैं, लेकिन फिर भी हमारे अंदर यह चेतना बनी रहती है कि हम स्वतंत्र हैं। हमें समझना है कि यह अनुभव क्यों आता है।

हमारे अंदर दो प्रवृत्तियाँ हैं — एक ओर तर्क बताता है कि हम कारणों से बंधे हैं, और दूसरी ओर, हर बार जब हम कुछ करते हैं, तो लगता है कि हमने खुद चुना है। वेदांत कहता है कि आत्मा भीतर से स्वतंत्र है, लेकिन इसके कर्म शरीर और मन के माध्यम से व्यक्त होते हैं, जो नियमों में बंधे हैं।

जैसे ही हम किसी पर प्रतिक्रिया करते हैं, हम बंध जाते हैं। अगर कोई मुझे दोष देता है और मैं गुस्से में आ जाता हूँ, तो मैं गुलाम बन गया। उसकी छोटी-सी हरकत ने मुझे बाँध दिया। इसलिए हमें दिखाना होगा कि हम वास्तव में स्वतंत्र हैं।

*

प्रकृति की हर चीज़ नियमों के अनुसार चलती है। इसमें कोई अपवाद नहीं है। मन और बाहरी दुनिया, दोनों ही नियमों से शासित और नियंत्रित होते हैं।

भीतर और बाहर की प्रकृति — मन और पदार्थ — समय और स्थान में मौजूद हैं और कार्य-कारण के नियम से बंधे हुए हैं।

मन की स्वतंत्रता सिर्फ एक भ्रम है। जब मन नियमों के अधीन है, तब वह स्वतंत्र कैसे हो सकता है?

कर्म का नियम ही कार्य और परिणाम का नियम है।

हमें मुक्ति चाहिए। हम वास्तव में स्वतंत्र हैं; बस हमें यह जानना है। हमें सभी बंधनों को तोड़ना होगा — हर तरह की गुलामी से मुक्त होना होगा। हमें न केवल इस धरती से और यहां की हर वस्तु और व्यक्ति से अपना बंधन तोड़ना है, बल्कि स्वर्ग और सुख के विचारों को भी छोड़ना होगा।

हम इच्छाओं के कारण पृथ्वी से बंधे हैं, और साथ ही भगवान, स्वर्ग और देवताओं से भी। एक गुलाम तो गुलाम ही रहता है — चाहे वह इंसान का हो, भगवान का हो, या किसी देवदूत का।

स्वर्ग का विचार खत्म होना चाहिए। मृत्यु के बाद स्वर्ग में सदा सुखमय जीवन जीने का विचार सिर्फ एक कल्पना है — उसमें कोई वास्तविकता नहीं है।

जहां सुख है, वहां दुख भी जरूर आएगा। जहां खुशी है, वहां दुख भी होगा। यह निश्चित है। हर कार्य की प्रतिक्रिया होती ही है।

मुक्ति का विचार ही सच्चा है — हर चीज़ से मुक्ति, सुख से भी

और दुख से भी, अच्छाई से भी और बुराई से भी।

यहां तक कि हमें मृत्यु से भी मुक्त होना चाहिए — और मृत्यु से मुक्त होने के लिए हमें जीवन से भी ऊपर उठना होगा। जीवन, असल में, मृत्यु का एक सपना है। जहां जीवन है, वहां मृत्यु भी है। इसलिए, अगर आप मृत्यु से मुक्त होना चाहते हैं, तो जीवन से भी परे जाना होगा।

हम पहले से ही मुक्त हैं, अगर हम बस इस पर विश्वास करें, बस भरपूर यकीन रखें। आप आत्मा हैं — स्वतंत्र और शाश्वत, हमेशा मुक्त और धन्य। अगर भरोसा पूरा हो, तो आप एक पल में ही मुक्त हो सकते हैं।

समय, स्थान और कारण — ये सब चीजें बंधी हुई हैं। लेकिन आत्मा इनमें से किसी से बंधी नहीं है। आत्मा समय, स्थान और कारण से परे है।

इसलिए, अपनी आज़ादी को पहचानो और वही बनो जो तुम वास्तव में हो — हमेशा से मुक्त, हमेशा से धन्य।

समय, स्थान और कारण — इन्हें ही हम माया कहते हैं।

*

सारी प्रकृति का लक्ष्य स्वतंत्रता है, और स्वतंत्रता केवल पूर्ण निःस्वार्थता से ही प्राप्त की जा सकती है; हर विचार, शब्द या कर्म जो निःस्वार्थ है, हमें लक्ष्य की ओर ले जाता है, और इसलिए उसे नैतिक कहा जाता है। आप पाएंगे कि यह परिभाषा हर धर्म और हर नैतिक प्रणाली में सही है।

ईश्वर के प्रति प्रेम

स्वर्ग या नर्क कोई जगह नहीं है, बल्कि यह मन की अवस्था है। जहाँ प्रेम होता है, वहाँ डर नहीं होता, और जहाँ डर होता है, वहाँ प्रेम नहीं हो सकता। हर तरह के प्रेम में, बाहरी चीज़ें केवल भीतर की किसी भावना का संकेत होती हैं — यह व्यक्ति का खुद का आदर्श होता है, और ईश्वर वह सर्वोच्च आदर्श है जिसकी कल्पना की जा सकती है।

दुनिया से घृणा अच्छे लोगों को दूर नहीं करती, बल्कि दुनिया ही ऐसे महान और संत लोगों से दूर हो जाती है। यह संसार, परिवार और समाज का जीवन, सब कुछ केवल एक प्रशिक्षण का क्षेत्र है — और कुछ नहीं।

जब कोई यह अनुभव करता है कि ईश्वर प्रेम है, तो यह मायने नहीं रखता कि ईश्वर के अन्य गुण क्या हैं — वही एक गुण सबसे ज़रूरी हो जाता है।

*

"भक्ति का उपयोग किसी भी इच्छा को पूरा करने के लिए नहीं किया जा सकता, क्योंकि भक्ति खुद सभी इच्छाओं को रोकती है।" नारद ने प्रेम के लक्षण इस तरह बताए हैं: "जब हर विचार, हर शब्द और हर काम भगवान को समर्पित हो जाते हैं, और भगवान की थोड़ी भी भूल व्यक्ति को गहरा दुख देती है, तब प्रेम शुरू होता है।"

"यह प्रेम का सर्वोच्च रूप है क्योंकि इसमें कोई लेन-देन की इच्छा नहीं होती, जो हर मानवीय प्रेम में होती है।"

जो व्यक्ति सामाजिक नियमों और शास्त्रों से ऊपर उठ जाता है, वही सच्चा संन्यासी है। जब पूरी आत्मा भगवान में समर्पित होती है, जब हम केवल भगवान की शरण लेते हैं, तब हमें सच्चे प्रेम का अनुभव होता है।"

जब तक आप शास्त्रों का पालन करने के लिए पर्याप्त मजबूत नहीं हो जाते, तब तक उन्हें मानो; फिर उनके पार जाओ। किताबें सब कुछ नहीं हैं। सच्चा प्रमाण केवल अनुभव है। हर किसी को खुद अनुभव करना चाहिए; कोई भी गुरु जो कहता है, "मैंने देखा है, लेकिन आप नहीं देख सकते", उस पर विश्वास नहीं करना चाहिए। सिर्फ उस पर करें जो कहे, "आप भी देख सकते हैं।" हर समय, हर देश में जो भी सत्य देखा जा सकता है, वह वेद है, क्योंकि सत्य अनुभव किया जा सकता है, और हर कोई उसे पा सकता है।

जब प्रेम का सूरज उगता है, तो हम अपने सारे कर्म भगवान को अर्पित करना चाहते हैं; और अगर उन्हें एक पल के लिए भी भूल जाएँ, तो हमें गहरा दुख होता है।

भगवान और उनके प्रति आपके प्रेम के बीच कुछ भी न आने दें। उनसे प्रेम करें, केवल उनसे प्रेम करें, केवल उनसे प्रेम करें; और दुनिया को जो कहना है, कहने दें। प्रेम के तीन रूप होते हैं - एक जो लेता है, पर कुछ नहीं देता; दूसरा जो लेन-देन करता है; और तीसरा जो बिना बदले के प्रेम करता है, जैसे रोशनी के लिए जलने वाला पतंगा।

"प्रेम कर्म से, योग से, ज्ञान से ऊंचा है।"

काम करने वाले को एक ही बात सीखनी है: वह किसी और का भला नहीं कर सकता। हमें अपनी समस्या खुद ही हल करनी होती है; भविष्यवक्ता केवल रास्ता बताते हैं। "आप जो सोचते

हैं, वही बनते हैं," इसलिए अगर आप यीशु पर भरोसा रखते हैं, तो आपको उनका ध्यान करना होगा और उनके जैसा बनना होगा — आप उनसे प्रेम करते हैं।

"गहरा प्रेम और सर्वोच्च ज्ञान एक जैसे हैं।"

लेकिन ईश्वर के बारे में विचार बनाना पर्याप्त नहीं है; हमें प्रेम करना होगा और कार्य भी करना होगा। दुनिया और हर सांसारिक चीज़ को छोड़ दो, खासकर जब "पौधा" अभी कोमल है। दिन-रात ईश्वर के बारे में सोचो, और जहाँ तक संभव हो, किसी और चीज़ के बारे में न सोचो। जरूरी बातों को भी ईश्वर के माध्यम से सोचो। उनके लिए खाओ, उनके लिए पियो, उनके लिए सोओ, और हर जगह उन्हें देखो। दूसरों से ईश्वर की बातें करो — यह सबसे लाभकारी है।

ईश्वर और उनके महान बच्चों की कृपा प्राप्त करो: ईश्वर तक पहुँचने के ये दो प्रमुख रास्ते हैं। इन प्रकाश-पुत्रों का साथ पाना बहुत कठिन है; लेकिन अगर वे मिल जाएँ, तो केवल पाँच मिनट की संगति भी जीवन को बदल सकती है। और अगर आप उन्हें सच्चे दिल से चाहते हैं, तो एक ज़रूर मिलेगा।

ईश्वर से प्रेम करने वाले किसी भी जगह को पवित्र बना देते हैं — "यही ईश्वर के बच्चों की महिमा है।" वे खुद ईश्वर होते हैं, और जब वे बोलते हैं, तो उनके शब्द शास्त्र बन जाते हैं। जहाँ भी वे जाते हैं, वह जगह उनके कंपन से भर जाती है, और जो भी वहाँ जाता है, वह उसे महसूस करता है और भीतर से पवित्र बनने लगता है।

"ऐसे प्रेमियों के लिए जाति, ज्ञान, सौंदर्य, जन्म, धन या काम का कोई भेद नहीं होता; क्योंकि सब उनके अपने होते हैं।"

बुरी संगति को छोड़ दो, खासकर शुरुआत में। सांसारिक लोगों की संगति से बचो, जो मन को विचलित करेगी। “मैं” और “मेरा” जैसे भावों को छोड़ दो। जिसने ब्रह्मांड में कुछ नहीं रखा, उसके पास भगवान आते हैं।

सभी सांसारिक मोहों की जंजीरों को काट दो; आलस्य और भविष्य की चिंता से ऊपर उठो कि क्या होगा। आपने जो किया है, उसके फल को देखने के लिए पीछे मुड़कर मत देखो। सब भगवान को सौंप दो और आगे बढ़ो; और फिर उसकी चिंता न करो।

पूरा हृदय लगातार भगवान की ओर बढ़ता है; पैसा, नाम या प्रसिद्धि का समय नहीं है, और भगवान के अलावा किसी और चीज़ को सोचने की भी जगह नहीं है; तब हमारे अंदर प्रेम का वह असीम और सुंदर आनंद आएगा। सभी इच्छाएँ बस काँच के मोती हैं।

ईश्वर का प्रेम हर पल बढ़ता है और हमेशा नया लगता है; इसे केवल महसूस करके ही समझा जा सकता है। प्रेम सबसे सरल है — इसे तर्क की ज़रूरत नहीं होती, यह स्वाभाविक होता है। न कोई प्रदर्शन चाहिए, न कोई प्रमाण। तर्क हमारे मन का तरीका है किसी चीज़ को बाँधने का। हम जाल फेंकते हैं और कुछ पकड़ लेते हैं, फिर कहते हैं हमने इसे साबित किया; लेकिन हम कभी भी, कभी भी ईश्वर को जाल में नहीं बाँध सकते।

प्रेम को किसी से जुड़ा हुआ नहीं होना चाहिए। जब हम गलत तरीके से भी प्रेम करते हैं, तब भी वह सच्चा प्रेम होता है, सच्चा आनंद होता है। वही शक्ति काम करती है, चाहे हम उसे जैसे भी इस्तेमाल करें। प्रेम का स्वभाव ही शांति और आनंद है। जब कोई हत्यारा अपने बच्चे को चूमता है, तो उस पल वह प्रेम के अलावा सब कुछ भूल जाता है।

अपना सब कुछ छोड़ दो — अपना सारा अहंकार, क्रोध और वासना — सब भगवान को समर्पित कर दो। कहो: "मैं कुछ नहीं हूँ, सिर्फ तू ही है। पुराना 'मैं' चला गया है, अब सिर्फ तू बचा है।" कहो: "मैं तू ही हूँ।" किसी को दोष मत दो; अगर कोई बुराई तुम्हारे पास आती है, तो समझो कि भगवान खेल रहा है — और बस खुश हो जाओ।

प्रेम समय और स्थान से ऊपर होता है; यह पूर्ण होता है, हमेशा एक जैसा रहता है।

*

हमें भगवान के सिवा किसी भी चीज से ज़रूरत से ज़्यादा जुड़ाव नहीं रखना चाहिए। सब कुछ देखो, सब कुछ करो, लेकिन उससे चिपको मत। जब ज़्यादा लगाव होता है, तब इंसान खुद पर से नियंत्रण खो देता है, वह अपना मालिक नहीं रह जाता, बल्कि किसी और का गुलाम बन जाता है। अगर कोई स्त्री किसी पुरुष से बहुत ज़्यादा जुड़ जाए, तो वह उसकी दासी बन जाती है। लेकिन किसी की दासी बन जाने से कुछ हासिल नहीं होता। इस दुनिया में किसी इंसान की दासी बनने से कहीं बेहतर चीज़ें हैं। सबसे प्रेम करो, सबका भला करो, लेकिन किसी के गुलाम मत बनो।

पहली बात, ज़्यादा लगाव इंसान को अंदर से गिरा देता है; दूसरी बात, वह इंसान को बहुत खुदगर्ज बना देता है। इस वजह से हम दूसरों को तकलीफ देने लगते हैं, ताकि सिर्फ उन लोगों का भला हो जिनसे हम जुड़े हैं। इस दुनिया के कई बुरे काम बस इसलिए होते हैं क्योंकि हम कुछ खास लोगों से बहुत ज़्यादा जुड़े होते हैं। इसलिए अच्छे कामों को छोड़कर बाकी किसी भी चीज़ से लगाव मत रखो, लेकिन सभी से प्रेम ज़रूर करो।

*

इस ब्रह्मांड की स्वाभाविक स्थिति है एक-दूसरे की ओर आकर्षित होना; और इसके बाद निश्चित रूप से एक बड़ा अलगाव आता है। इसी तरह, प्रेम इंसान के दिल में एकता की स्वाभाविक प्रेरणा है; और हालांकि यह खुद दुख का बड़ा कारण बनता है, लेकिन जब इसे सही दिशा दी जाती है, तो यही प्रेम मुक्ति की ओर ले जाता है। भक्ति का लक्ष्य भगवान होता है। प्रेम कभी बिना किसी विषय या लक्ष्य के नहीं हो सकता। प्रेम का कोई उद्देश्य होना ज़रूरी है, और वह ऐसा होना चाहिए जो हमारे प्रेम का उत्तर दे सके। इसलिए प्रेम का भगवान किसी न किसी रूप में एक ऐसा भगवान होना चाहिए जो मानवीय रूप में हो। वह एक ऐसा भगवान होना चाहिए जो प्रेम का आदर्श हो। इस बात से अलग कि ऐसा भगवान सच में है या नहीं, यह एक सच्चाई है कि जिनके दिलों में सच्चा प्रेम होता है, उनके लिए यह भगवान सबसे ऊँचे प्रेम के रूप में, एक व्यक्ति के रूप में प्रकट होता है।

*

पूजा के वे प्रारंभिक रूप, जो ईश्वर को एक न्याय करने वाले, सज़ा देने वाले या डर के कारण आदेशों का पालन करवाने वाले के रूप में देखते हैं, उन्हें प्रेम नहीं कहा जा सकता, हालांकि वे पूजा के ऐसे रूप हैं जो धीरे-धीरे अधिक ऊँचे रूपों में विकसित हो रहे हैं। हम जब प्रेम की बात करते हैं, तो इसका अर्थ अलग होता है। जहाँ डर है, वहाँ प्रेम नहीं हो सकता। प्रेम सभी डर को मिटा देता है। एक माँ अपने बच्चे को बचाने के लिए बाघ से भी लड़ सकती है। प्रेम का दूसरा पहलू यह है कि वह कभी कुछ नहीं मांगता, कभी किसी से नहीं झुकता। तीसरा और सबसे ऊँचा पहलू यह है कि प्रेम केवल प्रेम के लिए होता है। इसमें प्रेम का लक्ष्य भी गायब हो जाता है। प्रेम ही एकमात्र ऐसा तरीका है जिसमें प्रेम को खुद प्रेम किया जाता है। यह सबसे उच्च स्तर की अमूर्तता है और निरपेक्ष के जितना ही महान है।

*

प्रेम कभी भी किसी उद्देश्य को प्राप्त करने का साधन नहीं हो सकता। जो व्यक्ति कहता है, "मैं तुमसे इसलिए प्रेम करता हूँ", वह वास्तव में प्रेम नहीं करता। प्रेम कभी भी साधन नहीं हो सकता; यह स्वयं में पूर्ण साध्य होना चाहिए।

प्रेम का उद्देश्य और लक्ष्य क्या है? ईश्वर से प्रेम करना—बस इतना ही। ईश्वर से प्रेम क्यों करना चाहिए? इसका कोई "क्यों" नहीं है, क्योंकि यह साधन नहीं है। जब कोई सच्चा प्रेम करता है, वही मोक्ष है, वही पूर्णता है, वही स्वर्ग है। और क्या चाहिए? प्रेम से बढ़कर और कोई साध्य नहीं हो सकता।

*

जो व्यक्ति ईश्वर को चाहता है, उसे प्रेम मिलता है—यह प्रेम ईश्वर स्वयं देते हैं। प्रेम हमेशा पारस्परिक होता है, जैसे दर्पण में प्रतिबिंब। तुम मुझसे घृणा कर सकते हो, लेकिन अगर मैं तुम्हें प्रेम करना चाहूँ, तो तुम भी मुझे घृणा करोगे। लेकिन अगर मैं अडिग रहूँ, तो एक महीने या एक साल में तुम भी मुझसे प्रेम करने लगोगे। यह एक प्रसिद्ध मनोवैज्ञानिक सत्य है।

जैसे एक पत्नी अपने दिवंगत पति को याद करते हुए प्रेम में डूबी रहती है, उसी भावना से हमें प्रभु को चाहना चाहिए। तब हमें ईश्वर मिलते हैं—और तब सारी पुस्तकें, सारे विज्ञान भी हमें वह नहीं सिखा सकते जो प्रेम सिखा देता है। किताबें पढ़कर हम केवल रटने वाले बन जाते हैं; वे हमें सच्चा ज्ञान नहीं देतीं। लेकिन यदि कोई केवल प्रेम का एक शब्द भी सच्चे भाव से पढ़ ले, तो वह असली विद्वान बन जाता है। इसलिए सबसे पहले हमें उस ईश्वर की इच्छा करनी चाहिए।

*

जैसे ही कोई व्यक्ति यह मान लेता है कि ईश्वर हैं, वह उन्हें पाने की तीव्र चाह में पागल हो जाता है। बाकी लोग अपने रास्ते चलते रहते हैं, लेकिन जब कोई यह मान लेता है कि उसका वर्तमान जीवन उससे कहीं कम है जितना जीवन हो सकता है—जैसे ही उसे यह विश्वास हो जाता है कि इन्द्रियाँ ही सब कुछ नहीं हैं, कि यह सीमित, भौतिक शरीर आत्मा की अमर, शाश्वत, आनंदमय प्रकृति के सामने कुछ भी नहीं है—तब वह बेचैन हो उठता है जब तक कि वह उस आनंद को स्वयं अनुभव न कर ले।

यह बेचैनी, यह तड़प, यह प्यास ही धर्म के प्रति "जागृति" कहलाती है। और जब यह आती है, तभी व्यक्ति धार्मिक होता है। लेकिन इसमें समय लगता है। ये सारे रूप और अनुष्ठान, प्रार्थनाएँ और तीर्थयात्राएँ, पुस्तकें, घंटियाँ, मोमबत्तियाँ और पुजारी—ये सब तैयारियाँ हैं; ये आत्मा को शुद्ध करते हैं। जब आत्मा शुद्ध हो जाती है, तो वह स्वाभाविक रूप से ईश्वर, जो समस्त पवित्रता के स्रोत हैं, की ओर आकर्षित होती है।

जिस तरह एक लोहे का टुकड़ा सदियों की धूल से ढका होने के कारण चुम्बक के पास होते हुए भी आकर्षित नहीं होता, लेकिन जैसे ही वह धूल हटती है, वह चुम्बक की ओर खिंच जाता है—वैसे ही, जब मनुष्य की आत्मा की धूल साफ हो जाती है, तो वह भी ईश्वर की ओर खिंच जाती है।

अनेक जन्मों के बाद, जब मनुष्य रूपों और अनुष्ठानों से, दूसरों की सेवा और प्रेम से, और पापों व अशुद्धियों से मुक्त हो जाता है, तब उसका स्वाभाविक आध्यात्मिक आकर्षण जागता है—वह सच में जाग जाता है और ईश्वर की ओर बढ़ता है।

फिर भी, ये रूप, प्रतीक, और कर्म बस शुरुआत हैं—ये सच्चा प्रेम नहीं हैं। हम हर जगह प्रेम की बात सुनते हैं, हर कोई कहता है, "ईश्वर से प्रेम करो।" लेकिन लोग वास्तव में नहीं जानते कि

प्रेम क्या होता है। अगर वे जानते, तो इतनी आसानी से उसके बारे में बात न करते। हर पुरुष सोचता है कि वह प्रेम कर सकता है, पर जल्दी ही जान जाता है कि उसके स्वभाव में सच्चा प्रेम नहीं है। हर स्त्री सोचती है कि वह प्रेम कर सकती है, पर जल्दी ही उसे भी यह अनुभव हो जाता है कि वह नहीं कर सकती।

दुनिया प्रेम की बातों से भरी है, पर प्रेम करना कठिन है। प्रेम कहाँ है? आप कैसे जानें कि प्रेम है? इसकी पहली परीक्षा यह है: प्रेम कोई सौदा नहीं करता। जब कोई किसी से कुछ पाने की उम्मीद में प्रेम करता है, तो वह प्रेम नहीं होता, वह सौदा होता है। जहाँ भी लेन-देन है, वहाँ प्रेम नहीं है। इसलिए जब कोई ईश्वर से कहता है, "मुझे यह दो, मुझे वह दो", तो यह प्रेम नहीं है—यह बस लेन-देन है।

*

एक महान राजा शिकार के लिए जंगल गया, जहाँ उसकी मुलाक़ात एक ऋषि से हुई। थोड़ी बातचीत के बाद, राजा ऋषि से इतना प्रभावित हुआ कि उसने आग्रह किया, "कृपया एक उपहार स्वीकार करें।"

ऋषि ने जवाब दिया, "मैं पूरी तरह संतुष्ट हूँ। ये पेड़ मुझे फल देते हैं, नदियाँ मुझे पानी देती हैं, और गुफाएँ मेरे लिए पर्याप्त आश्रय हैं। तुम्हारे उपहारों की मुझे क्या ज़रूरत, चाहे तुम सम्राट ही क्यों न हो?"

राजा बोला, "कम से कम मुझे प्रसन्न करने के लिए मेरे साथ शहर चलो और कोई उपहार स्वीकार करो।"

आखिरकार ऋषि ने हाँ कर दी और वे महल पहुँचे, जहाँ सोना, गहने, संगमरमर, और अद्भुत वस्तुएँ भरी हुई थीं। हर जगह शक्ति और वैभव झलक रहा था।

राजा ने कहा, "एक पल ठहरो, मैं अपनी प्रार्थना कर लूँ," और कोने में जाकर प्रार्थना करने लगा, "हे प्रभु, मुझे और धन दो, और संतानें दो, और भूमि दो।"

उसी समय ऋषि चुपचाप चलने लगे। राजा ने यह देखा और उनके पीछे दौड़ते हुए बोला, "रुको! तुमने मेरा उपहार नहीं लिया।"

ऋषि पलटे और बोले, "भिखारी! मैं भिखारियों से भीख नहीं माँगता। तुम मुझे क्या दे सकते हो? तुम तो खुद हर समय मांगते रहते हो।" यही प्रेम और सौदेबाज़ी का फर्क है। अगर तुम भगवान से कुछ मांगते हो, और वही तुम्हारा प्रेम है, तो फिर दुकानदारी और उसमें क्या अंतर है?

*

प्रेम की पहली पहचान यह है कि इसमें कोई सौदा नहीं होता। प्रेम हमेशा देता है, कभी कुछ मांगता नहीं।

ईश्वर का भक्त कहता है, "अगर ईश्वर चाहे, तो मैं उन्हें सबकुछ दे दूँ, लेकिन मुझे उनसे कुछ नहीं चाहिए। मुझे इस ब्रह्मांड से कुछ भी नहीं चाहिए। मैं ईश्वर से प्रेम करता हूँ क्योंकि मैं करना चाहता हूँ, और बदले में कोई कृपा नहीं माँगता। ईश्वर सर्वशक्तिमान हैं या नहीं, मुझे फर्क नहीं पड़ता। मुझे उनकी शक्ति या उसका प्रदर्शन नहीं चाहिए। मेरे लिए इतना ही काफी है कि वे प्रेम के ईश्वर हैं। मैं कुछ और नहीं पूछता।"

दूसरी पहचान यह है कि प्रेम में कभी भय नहीं होता। जब तक मनुष्य ईश्वर को ऐसा मानता है जो ऊपर बैठा है, एक हाथ में इनाम और दूसरे में सज़ा लिए हुए, तब तक वह प्रेम नहीं कर सकता।

क्या किसी को डराकर प्रेम कराया जा सकता है? क्या मेमना शेर से प्रेम करता है? चूहा बिल्ली से? गुलाम अपने मालिक से? गुलाम कभी-कभी प्रेम का दिखावा करते हैं, लेकिन क्या वह प्रेम होता है? भय में प्रेम कहाँ होता है? वह सिर्फ झूठा दिखावा होता है। प्रेम में डर कभी नहीं होता।

एक युवा माँ की कल्पना करो जो अकेले सड़क पर चल रही है—अगर कोई कुत्ता उस पर भौंकता है, तो वह डरकर पास के घर में भाग जाती है।

लेकिन अगले दिन जब वह अपने बच्चे के साथ उसी सड़क पर होती है, और कोई शेर उसके बच्चे पर झपटता है, तो क्या होता है? वह बिना डरे शेर के सामने खड़ी हो जाती है, बस अपने बच्चे की रक्षा के लिए। प्रेम ने उसके भीतर के सभी डर को मिटा दिया।

ईश्वर के प्रेम में भी यही होता है। तब कोई यह नहीं सोचता कि ईश्वर इनाम देने वाले हैं या सज़ा देने वाले—यह एक सच्चे प्रेमी की भावना नहीं है।

कल्पना करो एक न्यायाधीश घर लौटता है। उसकी पत्नी उसमें क्या देखती है? एक न्यायाधीश नहीं, बल्कि उसका प्रेमी पति। उसके बच्चे उसे दंड देने वाला या इनाम देने वाला नहीं, बल्कि एक स्नेही पिता के रूप में देखते हैं।

उसी तरह, ईश्वर के सच्चे प्रेमी उन्हें कभी इनाम या सज़ा देने वाले रूप में नहीं देखते। जो लोग प्रेम से अछूते हैं, वही डरते हैं और काँपते हैं। भय को पूरी तरह त्याग दो—even अगर ईश्वर को सज़ा देने वाला मानने का विचार कभी-कभी क़ाबिल हो सकता है, वह केवल जंगली और अपरिपक्व मन के लिए ही होता है। कई बार बहुत बुद्धिमान लोग भी आध्यात्मिक रूप से अनगढ़

होते हैं और ऐसे विचार उनके लिए सहायक बन सकते हैं।

लेकिन जो सच्चे धार्मिक होते हैं, जिनकी आत्मा जाग रही होती है, उनके लिए ऐसे विचार बचकाने और बेमानी होते हैं। वे भय को पूरी तरह नकार देते हैं।

अब प्रेम की तीसरी और सबसे ऊँची परीक्षा है: प्रेम हमेशा सर्वोच्च आदर्श होता है। जब कोई व्यक्ति पहले दो चरणों से गुजर जाता है—जब वह लेन-देन की सोच को त्याग देता है और डर को पूरी तरह मिटा देता है—तब वह महसूस करता है कि प्रेम में ही आदर्श की पूर्णता है।

इस दुनिया में हम अक्सर देखते हैं कि एक सुंदर महिला किसी कुरूप पुरुष से प्रेम करती है, या कोई सुंदर पुरुष किसी साधारण दिखने वाली स्त्री से। बाहर से देखने वाले हैरान होते हैं, लेकिन प्रेमी को फर्क नहीं पड़ता; उसके लिए उसका प्रेमी दुनिया का सबसे सुंदर इंसान होता है।

ऐसा क्यों? क्योंकि वह प्रेमिका अपने मन में बसे सौंदर्य के आदर्श को उस व्यक्ति पर थोप देती है। वह आदमी खुद में कुछ नहीं है, वह सिर्फ एक संकेत है—एक माध्यम है, जिसके ऊपर वह अपना आदर्श बिछा देती है। वही उसका पूज्य बन जाता है।

अब, यह हर उस मामले में लागू होता है जहाँ हम प्यार करते हैं। हममें से कई लोगों के भाई या बहन बहुत ही साधारण दिखते हैं; फिर भी उनके भाई या बहन होने का विचार ही उन्हें हमारे लिए सुंदर बनाता है।

*

इस संसार में कोई भी व्यक्ति ईश्वर के अलावा किसी और से सच्चा प्रेम नहीं कर सकता। इंसान को धीरे-धीरे समझ आता है कि मानवीय प्रेम अंदर से खोखला होता है। लोग प्रेम की बातें तो करते हैं, लेकिन वास्तव में प्रेम नहीं कर पाते।

पत्नी कहती है कि वह अपने पति से प्रेम करती है, उसे चूमती है; लेकिन जैसे ही पति मरता है, वह सबसे पहले बैंक खाते और अगले दिन की योजनाओं के बारे में सोचती है। पति भी कहता है कि वह पत्नी से प्रेम करता है; लेकिन जब पत्नी बीमार हो जाती है, अपनी सुंदरता खो देती है, थक जाती है या कोई गलती करती है, तो वह उसकी परवाह करना बंद कर देता है। इस संसार में अधिकांश प्रेम पाखंड से भरा हुआ है।

सीमित व्यक्ति प्रेम नहीं कर सकता, और सीमित वस्तु से भी प्रेम नहीं किया जा सकता। जब प्रेम करने की वस्तु हर पल बदल रही हो, मर रही हो, और मन भी हमेशा बदलता रहता हो, तो इस दुनिया में सच्चे प्रेम की आशा कैसे की जा सकती है?

ईश्वर के अलावा कोई भी सच्चा प्रेम नहीं कर सकता। फिर भी ये सारे प्रेम क्यों होते हैं? ये केवल मार्ग हैं। हमें आगे बढ़ाने वाली एक अदृश्य शक्ति है। हम नहीं जानते कि असली प्रेम कहाँ मिलेगा, लेकिन यह प्रेम हमें आगे बढ़ने के लिए प्रेरित करता है।

हर बार हमें अपनी गलती का एहसास होता है। हम किसी चीज को पकड़ते हैं, लेकिन वह हमारी पकड़ से फिसल जाती है; फिर हम किसी और को पकड़ते हैं। ऐसा करते-करते हम आगे बढ़ते हैं, जब तक कि अंत में सच्चा प्रकाश नहीं मिलता—हम ईश्वर तक पहुँचते हैं, जो अकेला सच्चा प्रेम करता है।

उसका प्रेम कभी नहीं बदलता। वह हमेशा हमें अपनाने के लिए तैयार रहता है। यदि मैं तुम्हें चोट पहुँचाऊँ, तो तुम मुझे कितनी

देर सहन करोगे? लेकिन वह, जिसमें कभी क्रोध नहीं आता, न घृणा, न ईर्ष्या, जो कभी संतुलन नहीं खोता, जो कभी मरता या जन्म नहीं लेता—वह ईश्वर के अलावा और कौन हो सकता है?

*

संसार में जितने भी प्रेम के रूप हम देखते हैं, और जिनसे हम किसी न किसी रूप में जुड़े रहते हैं, उनका अंतिम लक्ष्य ईश्वर ही होता है। लेकिन दुर्भाग्य से मनुष्य उस अनंत सागर को नहीं पहचानता जिसमें प्रेम की यह विशाल धारा बहती रहती है। इसी कारण वह अनजाने में अपने प्रेम को किसी मानव रूपी छोटी गुड़िया की ओर मोड़ देता है।

मनुष्य के स्वभाव में जो गहरा प्रेम अपने बच्चे के लिए होता है, वह वास्तव में उस बच्चे तक सीमित नहीं है। यदि आप इस प्रेम को पूरी तरह उसी पर केंद्रित कर देंगे, तो अंततः आपको उसका दुष्परिणाम भुगतना पड़ेगा।

लेकिन इन्हीं अनुभवों और कष्टों के माध्यम से एक दिन यह जागरूकता आती है कि जो प्रेम हमारे भीतर है, यदि वह केवल किसी इंसान को दिया जाए, तो अंततः वह दुःख और पीड़ा ही देगा। इसलिए, हमारा सच्चा प्रेम केवल उसी को दिया जाना चाहिए जो कभी नहीं बदलता, कभी नहीं मरता—जिसके प्रेम में न उतार है, न चढ़ाव।

प्रेम को अपनी सही दिशा मिलनी चाहिए—उसे वहाँ पहुँचना चाहिए जो सच्चे प्रेम का अनंत स्रोत है। सभी नदियाँ अंत में समुद्र में मिलती हैं। पहाड़ से गिरती एक छोटी बूँद भी किसी न किसी नाले या नदी से होती हुई अंततः सागर तक पहुँचती ही है।

ईश्वर ही हमारी सभी भावनाओं का अंतिम लक्ष्य हैं। अगर

आपको गुस्सा आता है, तो उसी पर उतारें। अपने प्रियतम से शिकायत करें, अपने मित्र से बोलें।

और कौन है जिसे आप सुरक्षित रूप से डाँट सकते हैं? कोई भी इंसान आपके गुस्से को चुपचाप सह नहीं सकता—वह जरूर पलटकर जवाब देगा। अगर आप मुझ पर नाराज़ होते हैं, तो मैं तुरंत प्रतिक्रिया दूँगा, क्योंकि मैं उसे सहन नहीं कर सकता।

अपने प्रियतम से कहिए, "तुम मेरे पास क्यों नहीं आते? मुझे इस तरह अकेला क्यों छोड़ देते हो?"

उसके सिवा और कहाँ आनंद है? मिट्टी के ढेले में कैसा सुख हो सकता है? वही अनंत आनंद का सघन सार है जिसे हमें पाना है—और वह भगवान में है।

हमारी सारी भावनाएं और इच्छाएं उसी तक पहुँचती हैं। वे उसी के लिए बनी हैं। अगर वे अपना लक्ष्य चूक जाएं और नीचे गिरें, तो वे नीचे गिरकर भ्रष्ट हो जाती हैं; लेकिन जब वे सीधा भगवान की ओर जाती हैं, तो सबसे नीची भावना भी पवित्र बन जाती है। शरीर और मन की सारी ऊर्जा—जैसे भी वह प्रकट हो—का एक ही उद्देश्य है, एक ही रास्ता है।

दिल के सभी प्रेम, सभी लगाव भगवान की ओर जाने चाहिएँ। वही सच्चा प्रियतम है। दिल और किससे प्रेम करेगा? वही सबसे सुंदर है, वही सबसे महान है, वही सौंदर्य है, वही महानता है। इस संसार में उससे अधिक सुंदर कौन है? उससे बेहतर पति कौन हो सकता है? उससे बढ़कर कोई कैसे प्रेम के योग्य हो सकता है? इसलिए, उसे ही अपना प्रियतम बनने दो, उसे ही अपना सब कुछ बनने दो।

*

संसार हमें प्रेम के कई रूप दिखाता है। लेकिन सबसे पहले हमें ज़मीन साफ करनी होगी। जीवन को देखने का हमारा नज़रिया ही प्रेम के पूरे सिद्धांत की नींव है।

अगर हम सोचते हैं कि यही संसार जीवन का लक्ष्य और अंत है, तो वह सोच क्रूर और पतन की ओर ले जाती है। जो व्यक्ति इस सोच से जीवन की शुरुआत करता है, वह खुद को नीचा गिरा लेता है। वह कभी ऊपर नहीं उठ सकता, न ही जीवन की ऊँचाई को समझ सकता है। वह हमेशा इंद्रियों का गुलाम बना रहेगा, केवल केक खाने के लिए डॉलर के पीछे भागेगा।

ऐसी ज़िंदगी जीने से बेहतर है मर जाना। संसार के गुलामों, इंद्रियों के गुलामों—हमें खुद को जगाना होगा। इंद्रिय-जीवन से कहीं ऊँचा कुछ और भी है।

क्या आप सोचते हैं कि मनुष्य, जो अनंत आत्मा है, केवल अपनी आँख, नाक और कान का गुलाम बनने के लिए पैदा हुआ है? भीतर एक अनंत, सर्वज्ञ आत्मा है जो हर कार्य कर सकती है, हर बंधन तोड़ सकती है—और वही आत्मा हम हैं। और यह शक्ति हमें प्रेम के माध्यम से मिलती है। यही वह आदर्श है जिसे हमें कभी नहीं भूलना चाहिए।

*

पेड़ को अपने बचपन में जो बाड़ घेरती है, वह उसे सहारा और सुरक्षा देती है; लेकिन अगर वह बाड़ समय पर हटाई न जाए, तो वही उसकी बढ़त और मजबूती में रुकावट बन जाती है। जैसे कि हमने समझा है, पूजा की औपचारिकता एक जरूरी शुरुआत है, पर धीरे-धीरे जब हम बढ़ते हैं, तो उसे पीछे छोड़ते हुए एक ऊँचे स्तर पर पहुँचते हैं।

जब ईश्वर के प्रति प्रेम पूर्ण हो जाता है, तो हम उसके गुणों पर ध्यान देना छोड़ देते हैं – जैसे कि वह सर्वशक्तिमान है, सर्वव्यापी है और बाकी सारे बड़े विशेषण। क्योंकि हमें उससे कुछ नहीं चाहिए, हम उन गुणों पर ध्यान नहीं देते। हमें सिर्फ उससे प्रेम करना होता है। लेकिन मानवरूप की आदत अब भी बनी रहती है। हम अपनी मानवता से ऊपर नहीं उठ सकते, अपने शरीर से बाहर नहीं जा सकते; इसलिए हमें ईश्वर से भी वैसा ही प्रेम करना होता है जैसा हम इंसानों से करते हैं।

मानव प्रेम के पाँच स्तर होते हैं।

सबसे नीचे और सबसे सामान्य है "शांतिपूर्ण" प्रेम — जैसा कि एक बच्चा अपने पिता से करता है, जिससे उसे सुरक्षा, खाना और ज़रूरी चीजें मिलती हैं।

फिर आता है वह प्रेम जो सेवा करने की भावना से भर देता है। इंसान ईश्वर को अपना स्वामी मानता है और उसे सेवा देने को आतुर रहता है, चाहे वह स्वामी अच्छा हो या कठोर, यह मायने नहीं रखता।

तीसरा है दोस्त का प्रेम — बराबरी के लोगों का, जैसे कि कोई साथी या खेलने वाला दोस्त। यहाँ ईश्वर को एक दोस्त की तरह देखा जाता है।

फिर आता है मातृ प्रेम — जब ईश्वर को एक बच्चे की तरह माना जाता है। भारत में इसे उच्चतम प्रेमों में से एक माना गया है क्योंकि इसमें भय का कोई स्थान नहीं होता।

सबसे उच्चतम है पति-पत्नी का प्रेम — जहाँ प्रेम सिर्फ प्रेम के लिए होता है, और ईश्वर को पूर्ण प्रियतम माना जाता है।

इसे बहुत सुंदर ढंग से कहा गया है: "जब चार आँखें मिलती हैं, तो दो आत्माएँ बदलने लगती हैं; उनके बीच प्रेम आता है और उन्हें एक कर देता है।"

जब किसी व्यक्ति के भीतर प्रेम का यह अंतिम और सर्वोत्तम रूप प्रकट होता है, तब सारी इच्छाएँ मिट जाती हैं। रूप, सिद्धांत, और धार्मिक संस्थाएँ भी पीछे छूट जाती हैं। यहाँ तक कि मुक्ति की इच्छा — जो सभी धर्मों का अंतिम उद्देश्य है — वह भी समाप्त हो जाती है। सर्वोच्च प्रेम वह है जो लिंग से परे होता है, क्योंकि वह पूर्ण एकता को दर्शाता है, और लिंग शरीरों को अलग करता है।

इसलिए केवल आत्मा के स्तर पर ही सच्चा मिलन संभव होता है। हमारे भीतर भौतिक विचार जितने कम होंगे, हमारा प्रेम उतना ही शुद्ध और परिपूर्ण होगा। अंततः, जब सभी भौतिक विचार मिट जाते हैं, तो दो आत्माएँ एक हो जाती हैं। हम प्रेम करते हैं, हमेशा प्रेम करते हैं। प्रेम आता है, रूपों में प्रवेश करता है, और फिर उन रूपों के पार देखता है।

कहा गया है, "प्रेमी इथियोपियाई के माथे में हेलेन की सुंदरता देखता है।" इथियोपियाई केवल एक संकेत बनता है, और प्रेमी उस संकेत पर अपना प्रेम डाल देता है।

जैसे सीप जलन देने वाले कणों को लेकर अपने भीतर मोती बना लेती है, वैसे ही मनुष्य भी जिस पर प्रेम करता है, उसके भीतर अपने आदर्श को देखता है। वह आदर्श सदा निस्वार्थ होता है। इसीलिए मनुष्य प्रेम से प्रेम करता है।

ईश्वर स्वयं प्रेम है, और हम ईश्वर से प्रेम करते हैं — या कहें, प्रेम से ही प्रेम करते हैं। हम केवल प्रेम को देखते हैं, उसे पूरी

तरह व्यक्त नहीं कर सकते। जैसे मक्खन खाने वाला गूंगा व्यक्ति दूसरों को यह नहीं समझा सकता कि मक्खन कैसा है — वैसे ही जिसने प्रेम का स्वाद नहीं चखा, उसे यह बताया नहीं जा सकता। प्रेम केवल अनुभव किया जा सकता है, समझाया नहीं जा सकता।

प्रेम को एक त्रिभुज की तरह समझा जा सकता है। इसका पहला कोण यह है कि प्रेम कभी कुछ नहीं मांगता, न ही भीख माँगता है। दूसरा कोण यह है कि प्रेम में कभी डर नहीं होता। तीसरा और सबसे ऊँचा कोण यह है कि प्रेम केवल प्रेम के लिए होता है।

प्रेम की ताकत से हमारी इंद्रियाँ और भावनाएँ अधिक सूक्ष्म और ऊँचाई वाली बन जाती हैं। इंसानों के बीच पूर्ण प्रेम मिलना बहुत मुश्किल है, क्योंकि वह लगभग हमेशा एक-दूसरे पर निर्भर होता है और लेन-देन से जुड़ा होता है। लेकिन ईश्वर के लिए जो प्रेम होता है, वह निरंतर बहने वाली एक धारा है, जिसे कोई चोट नहीं पहुंचा सकता, कोई बाधा विचलित नहीं कर सकती।

जब कोई व्यक्ति ईश्वर को अपने सबसे ऊँचे आदर्श के रूप में प्रेम करता है—बिना किसी स्वार्थ के, बिना कुछ माँगे, भिखारी की तरह नहीं—तब प्रेम अपने सर्वोच्च रूप तक पहुँच जाता है और यह पूरे ब्रह्मांड में एक विशाल शक्ति बन जाता है। इस अवस्था तक पहुँचना समय लेता है, और हमें वहीं से शुरुआत करनी होती है जहाँ हमारी प्रकृति हमें सहज रूप से खींचती है। कुछ लोग सेवा करने में आनंद पाते हैं, कुछ माँ जैसा प्रेम देने में। जो भी रास्ता हो, अंतिम परिणाम ईश्वर तक पहुंचना है। हमें अपने स्वभाव को समझकर उसका सही उपयोग करना चाहिए।

*

भक्ति-योग सिखाता है कि ईश्वर से प्रेम बिना किसी छिपे हुए उद्देश्य के किया जाना चाहिए — केवल इसलिए कि अच्छाई से प्रेम करना अच्छा है, न कि इसलिए कि इसके बदले स्वर्ग मिलेगा, संतान, धन या कोई और लाभ मिलेगा। यह सिखाता है कि प्रेम ही प्रेम का सबसे बड़ा फल है — और कि ईश्वर स्वयं प्रेम हैं।

यह भक्ति-योग हमें यह भी सिखाता है कि ईश्वर को सृष्टिकर्ता, सर्वव्यापी, सर्वज्ञ, सर्वशक्तिमान शासक, पिता और माता के रूप में हर रूप में श्रद्धा अर्पित की जानी चाहिए। मनुष्य के मन में ईश्वर के लिए जो सर्वोच्च वाक्य बन सकता है, जो सबसे ऊँचा विचार आ सकता है, वह यही है: ईश्वर प्रेम का ईश्वर है। जहाँ कहीं भी प्रेम है, वहाँ ईश्वर है।

"जहाँ कहीं भी प्रेम है, वहाँ भगवान मौजूद हैं।"

जब पति पत्नी को चूमता है, माँ अपने बच्चे को स्नेह से चूमती है, या जब दो दोस्त हाथ मिलाते हैं — हर जगह भगवान वहाँ प्रेम के रूप में उपस्थित होते हैं। भगवान प्रेम के देवता बनकर हर उस स्थान पर होते हैं जहाँ सच्चा स्नेह होता है। जब कोई महान व्यक्ति मानवता के कल्याण के लिए प्रेम करता है, तो वह अपने प्रेम के माध्यम से मानव जाति को उपहार देता है।

जहाँ भी किसी का हृदय विशाल होता है, भगवान वहाँ प्रकट होते हैं। यही भक्ति-योग हमें सिखाता है।

*

इस प्रकार शाही हिब्रू ऋषि ने गाया, और इस प्रकार उन्होंने भारत के प्रेम की भावना का वर्णन किया। "हे प्रिय, तेरे होठों का एक चुम्बन! उस चुम्बन से तेरी प्यास कभी नहीं बुझती! सारे

दुख मिट जाते हैं, भूत, वर्तमान और भविष्य सब भुला दिए जाते हैं, और बस तू ही मन में रहता है।" यह है उस प्रेमी की दीवानगी, जब सभी इच्छाएँ शांत हो जाती हैं।

प्रेमी कहता है, "कौन मोक्ष चाहता है? कौन मुक्ति की चिंता करता है? कौन पूर्णता चाहता है? मुझे कोई परवाह नहीं है!" वह कहता है, "मुझे न धन चाहिए, न स्वास्थ्य, न सुंदरता, न बुद्धि; चाहे मैं बार-बार जन्म लूँ, चाहे दुखों में ही क्यों न रहूँ, मुझे कुछ नहीं चाहिए, बस मुझे तुझसे प्रेम करने दो—सिर्फ प्रेम के लिए।"

यह उसी प्रेम का पागलपन है जो इन भक्ति गीतों में झलकता है। सबसे गहन, प्रभावशाली और मोहक मानवीय प्रेम वह है जो स्त्री और पुरुष के बीच होता है, इसलिए उसी भाषा का उपयोग उस सर्वोच्च भक्ति को अभिव्यक्त करने के लिए किया गया, जो भक्तों के दिव्य प्रेम को प्रकट करता है।

ईश्वर के सच्चे प्रेमी ईश्वर के प्रेम में ऐसे पागल हो जाते हैं कि वे "ईश्वर-मदमस्त" बन जाते हैं। वे उस प्रेम का प्याला पीना चाहते हैं जिसे संतों ने अपने हृदय के रक्त से भरा है—वह प्रेम, जो बिना किसी बदले की चाह के केवल ईश्वर को समर्पित होता है।

प्रेम का एकमात्र इनाम प्रेम ही है—और यह कितना महान पुरस्कार है! यही एकमात्र चीज़ है जो सारे दुखों को मिटा सकती है, यही वह अमृत है जो संसार की सारी पीड़ा को समाप्त कर देता है। तब मनुष्य दिव्य प्रेम में पागल होकर खुद को भूल जाता है—कि वह केवल एक मनुष्य है।

*

हमारे जीवन में जो भी घटनाएँ होती हैं—चाहे वे अच्छी हों या

बुरी—आख़िरकार हमें ईश्वर की ओर ही ले जाती हैं। कोई व्यक्ति किसी स्वार्थ के कारण दूसरे को मार देता है, लेकिन गहराई में जाकर देखें तो उस क्रिया के पीछे भी प्रेम की ही भावना होती है—चाहे वह स्वयं के लिए हो या किसी प्रिय के लिए। हम जो भी अच्छा या बुरा करते हैं, उसके पीछे प्रेरणा प्रेम ही होती है। जैसे जब कोई बाघ भैंसे को मारता है, तो वह इसलिए करता है क्योंकि वह या उसके बच्चे भूखे होते हैं।

ईश्वर स्वयं प्रेम का साकार रूप हैं। वे हर चीज़ में प्रकट होते हैं। हर व्यक्ति उनकी ओर आकर्षित हो रहा है, भले ही वह इस बात को समझे या न समझे। जब कोई स्त्री अपने पति से प्रेम करती है, तो वह नहीं जानती कि उसके पति में जो आकर्षण है, वह ईश्वर की ही दिव्यता है जो उसे खींचती है।

हमें उसी ईश्वर की पूजा करनी चाहिए जो प्रेम का अवतार हैं। जब तक हम उन्हें केवल सृष्टिकर्ता या रक्षक के रूप में मानते हैं, तब तक हम बाहरी रूप से उनकी पूजा करते रहते हैं। लेकिन जब हम इन सीमाओं से ऊपर उठ जाते हैं और उन्हें प्रेमस्वरूप मानने लगते हैं—जब हम उन्हें हर चीज़ में और हर चीज़ को उनमें देखने लगते हैं—तब हमें सच्ची भक्ति प्राप्त होती है।

*

हालाँकि माँ का प्रेम कई तरीकों से महान होता है, फिर भी पूरी दुनिया स्त्री और पुरुष के प्रेम को आत्मा और ईश्वर के संबंध का प्रतीक मानती है। किसी और संबंध में इतनी गहरी कल्पना और आदर्श की शक्ति नहीं होती। प्रेम करने वाला व्यक्ति सच में वही बन जाता है जैसा वह अपने प्रिय को समझता है। यह प्रेम अपने उद्देश्य को पूरी तरह बदल देता है।

*

एक महान संत ने प्रेम को समझाने के लिए एक लड़की की भाषा का प्रयोग करते हुए कहा: "जब चार आँखें मिलीं, तो दो आत्माओं में बदलाव आया। अब मैं नहीं कह सकती कि वह पुरुष है और मैं स्त्री, या वह स्त्री है और मैं पुरुष। मुझे बस इतना याद है कि दो आत्माएँ थीं। प्रेम आया और वे एक हो गईं।"

सच्चे प्रेम में आत्माओं का मिलन होता है। बाकी सभी तरह का प्रेम जल्दी खत्म हो जाता है। केवल आध्यात्मिक प्रेम ही टिकता है और समय के साथ बढ़ता है।

प्रेम आदर्श को देखता है। यह प्रेम का तीसरा और सबसे ऊँचा रूप है। ईश्वर को हम कारण, सृष्टिकर्ता, पिता के रूप में जानते हैं, लेकिन प्रेम इन सबसे ऊपर है। जैसे एक माँ को अपने बच्चे के दोष बाद में नहीं दिखते, वह उसे दुनिया का सबसे सुंदर बच्चा मानती है — वैसे ही प्रेमी इथियोपिया के माथे में हेलेन की सुंदरता देखता है। वह केवल संकेत देखता है और अपना आदर्श उस पर डाल देता है, जैसे सीप रेत को ढककर मोती बना देती है। ईश्वर वही आदर्श है, जिसके ज़रिए मनुष्य सब कुछ देखता है।

इसलिए हम प्रेम को ही प्रेम करने लगते हैं। इस प्रेम को व्यक्त नहीं किया जा सकता। शब्दों में इसका बयान नहीं किया जा सकता। हम बस इसे महसूस कर सकते हैं।

प्रेम में हमारी इंद्रियाँ और अधिक संवेदनशील हो जाती हैं। लेकिन मानवीय प्रेम हमेशा गुणों से जुड़ा होता है, वह दूसरे की प्रतिक्रिया पर निर्भर करता है। भारत में इसके लिए अलग शब्द हैं। सबसे नीचा प्रेम स्वार्थ से जुड़ा होता है, जिसमें हम खुद को प्रेम किया जाना चाहते हैं। जैसे कहते हैं: "एक गाल देता है, दूसरा चूमता है।" इससे ऊँचा है पारस्परिक प्रेम, लेकिन वह भी समाप्त हो सकता है। सबसे सच्चा प्रेम केवल देना जानता है। इसमें देखने या कुछ कहने की भी ज़रूरत नहीं होती — देना

ही काफ़ी है। मनुष्य से इस तरह प्रेम करना मुश्किल है, लेकिन ईश्वर से इस तरह प्रेम किया जा सकता है।

सच

जैसे कछुआ अपने पैर और सिर खोल के भीतर समेट लेता है, और अगर तुम उसे मार भी डालो या टुकड़े-टुकड़े कर दो, तब भी वह बाहर नहीं आता — वैसे ही वह व्यक्ति, जो अपनी इच्छाओं और इंद्रियों पर नियंत्रण रखता है, अडिग और स्थिर हो जाता है। उसकी आंतरिक शक्तियाँ उसकी इच्छा के अधीन रहती हैं, और कोई भी चीज उन्हें ज़बरदस्ती बाहर नहीं ला सकती।

जब अच्छे विचार और संस्कार बार-बार मन की सतह पर आते हैं, तो अच्छे कर्म करने की प्रवृत्ति और भी मजबूत हो जाती है। इसका परिणाम यह होता है कि हम अपनी इंद्रियों और तंत्रिकाओं को नियंत्रित करने में समर्थ होते हैं।

यही तरीका है जिससे चरित्र बनता है, और यही मार्ग है जिससे मनुष्य सत्य को प्राप्त करता है। ऐसा व्यक्ति सदा के लिए सुरक्षित होता है; वह कोई बुरा काम कर ही नहीं सकता। आप उसे किसी भी परिस्थिति में रखें, उसके चरित्र को कोई खतरा नहीं होगा।

*

अगर मैं तुम्हें यह सिखाऊँ कि तुम बुरे हो, कि तुम्हें घर जाकर राख में बैठकर रोते रहना चाहिए क्योंकि तुमसे गलती हुई है, तो यह तुम्हारे किसी काम नहीं आएगा। इससे तुम और कमजोर हो जाओगे और सही राह से भटक जाओगे। मान लो यह कमरा हज़ारों साल से अंधेरे में है, और तुम बस बैठे रहो और रोते रहो कि “अरे अँधेरा है”, तो क्या अँधेरा हटेगा? नहीं, बस एक माचिस जलाओ और तुरंत उजाला हो जाएगा।

इसी तरह, अगर तुम सारी ज़िंदगी यही सोचते रहो कि "मैंने गलती की", "मुझसे बुरा हुआ", तो इसका कोई फायदा नहीं। इसके लिए किसी भूत-प्रेत की ज़रूरत नहीं है। बस एक काम करो — रोशनी लाओ और बुराई अपने आप दूर हो जाएगी। अच्छा चरित्र बनाओ और अपने असली स्वरूप को बाहर लाओ — जो तेजस्वी है, सदा पवित्र है — और यही स्वरूप दूसरों में भी देखो।

मैं चाहता हूँ कि हम सब ऐसी स्थिति तक पहुँचें जहाँ हम सबसे बुरे व्यक्ति में भी उसकी सच्ची आत्मा को देख सकें। बजाय उसे कोसने के, हम कहें, "हे तेजस्वी आत्मा, उठो! हे सदा पवित्र, जागो! हे जन्म-मरण से परे, अपने आप को प्रकट करो। ये छोटी बातें तुम्हारे लायक नहीं।"

यही अद्वैत की सबसे महान प्रार्थना है — अपने भीतर के सच्चे ईश्वर को पहचानना, उसे याद रखना। वही ईश्वर जो अनंत है, सर्वशक्तिमान है, सदा शुभ है, निस्वार्थ है, और किसी सीमा में नहीं बँधा है।

और क्योंकि उसका स्वभाव निस्वार्थ है, इसलिए वह सबसे शक्तिशाली और निडर है। क्योंकि डर केवल स्वार्थ से आता है। जिसे अपने लिए कुछ नहीं चाहिए, वह किसी से क्यों डरेगा? उसे कोई कैसे डरा सकता है? उसे मृत्यु का डर क्यों होगा? या बुराई का डर क्यों होगा?

इसलिए अगर हम अद्वैत के मानने वाले हैं, तो हमें अभी से यह मान लेना चाहिए कि हमारा पुराना 'मैं' मर चुका है और अब उसका कोई अस्तित्व नहीं। पुराने श्रीमान, श्रीमती या कुमारी फलाँ अब नहीं हैं — वे बस एक भ्रम थे। अब जो बचा है वह सदा शुद्ध है, सदा शक्तिशाली है, सर्वशक्तिमान है, सर्वज्ञ है —

वही हमारा असली रूप है। जब हम यह जान लेते हैं, तब हमारा हर डर मिट जाता है।

जो हर जगह है, उसे कौन नुकसान पहुँचा सकता है? हमारी सारी कमजोरियाँ दूर हो जाती हैं, और फिर हमारा असली काम यह होता है कि अपने साथियों में भी यही ज्ञान जगाएँ। हम जानते हैं कि वे भी वैसे ही शुद्ध हैं, बस उन्हें इसका एहसास नहीं है। हमें उन्हें सिखाना चाहिए, उन्हें उनकी अनंत प्रकृति का बोध कराना चाहिए।

यही बात मुझे दुनिया में सबसे ज़रूरी लगती है। ये विचार बहुत पुराने हैं — शायद पहाड़ों से भी पुराने। सभी सच्चाइयाँ सदा के लिए हैं। कोई भी सत्य का मालिक नहीं हो सकता; न कोई जाति, न कोई इंसान। सत्य हर आत्मा का स्वभाव है — कोई उस पर अधिकार नहीं जता सकता।

पर हमें इन सच्चाइयों को आसान और व्यावहारिक बनाना होगा, क्योंकि सबसे ऊँची सच्चाइयाँ हमेशा सबसे सरल होती हैं। ये सच्चाइयाँ जीवन के हर पहलू में समा जानी चाहिए, और साथ ही सबसे पढ़े-लिखे इंसान से लेकर आम आदमी और बच्चों की समझ में आ जानी चाहिए।

तर्कों के ये लंबे-चौड़े ढेर, दर्शन की बड़ी किताबें, धर्मशास्त्र और विधियाँ — ये सब कभी ज़रूरी रहे होंगे, लेकिन अब वक्त है कि हम चीज़ों को आसान बनाएँ और ऐसा समय लाएँ जब हर इंसान उपासक हो, और हर इंसान में सच्चाई का दर्शन किया जाए।

*

कर्तव्य की धारणा अलग-अलग देशों में बहुत अलग होती है।

एक देश में अगर कोई व्यक्ति कोई काम नहीं करता है, तो लोग कहेंगे उसने गलत किया; लेकिन वही काम अगर वह किसी दूसरे देश में करता है, तो लोग कहेंगे कि वह सही नहीं था। फिर भी, हम जानते हैं कि कहीं न कहीं कर्तव्य की कोई एक सच्ची परिभाषा ज़रूर होनी चाहिए।

उसी तरह, समाज के एक वर्ग को कुछ काम अपना कर्तव्य लगते हैं, जबकि दूसरा वर्ग उन्हीं कामों से डरता है और उन्हें गलत समझता है। इसका मतलब यह है कि अलग-अलग सोच के लोगों के लिए कर्तव्य की समझ अलग-अलग होती है।

हमारे सामने दो रास्ते हैं — पहला, अज्ञान का रास्ता, जिसमें हम मानते हैं कि सिर्फ एक ही रास्ता सही है और बाकी सब गलत हैं। दूसरा, समझदारी का रास्ता, जिसमें हम स्वीकार करते हैं कि इंसानों के मन, सोच और जीवन के अलग-अलग स्तरों के अनुसार कर्तव्य और नैतिकता भी बदल सकती है।

असल बात यह समझना है कि कर्तव्य और नैतिकता भी अलग-अलग स्तरों पर होते हैं — जीवन के एक पड़ाव पर जो चीज़ कर्तव्य होती है, वह किसी और के लिए या किसी और समय पर कर्तव्य नहीं हो सकती।

*

सृष्टि की योजना ही यह है कि अनेकता के भीतर भी एकता हो। भले ही पुरुष और महिलाएँ एक-दूसरे से अलग दिखते हों या अलग सोचते हों, लेकिन उनके भीतर गहराई में एक ही तरह की एकता छुपी होती है। पुरुषों और महिलाओं के अलग-अलग स्वभाव और वर्ग होना, सृष्टि की प्राकृतिक विविधता का हिस्सा है।

इसलिए हमें सभी को एक ही कसौटी पर नहीं परखना चाहिए और न ही सभी के सामने एक जैसा आदर्श रखना चाहिए। ऐसा करने से केवल एक बनावटी संघर्ष खड़ा होता है, और इसका नतीजा यह होता है कि व्यक्ति खुद से ही नफरत करने लगता है, जिससे वह धार्मिक या अच्छा बनने से रुक जाता है। हमारा कर्तव्य यह है कि हम हर इंसान को उसके अपने सर्वोत्तम आदर्श के अनुसार जीने के प्रयास में प्रोत्साहित करें, और साथ ही यह भी कोशिश करें कि वह आदर्श सत्य के जितना संभव हो सके उतना करीब हो।

*

आइए हम नाम, प्रसिद्धि या दूसरों पर शासन करने की इच्छा के बिना काम करें। आइए हम वासना, लाभ के लालच और क्रोध के त्रिविध बंधनों से मुक्त हों। और यह सत्य हमारे साथ है!

*

हम सब मानते हैं कि इच्छाएँ गलत हो सकती हैं, लेकिन क्या वास्तव में इच्छाओं का पूरी तरह त्याग कर देना उचित है? फिर तो जीवन ही नहीं चलेगा। यह तो आत्मघाती होगा—न इच्छा बचेगी, न इंसान। इसका समाधान यह है: ऐसा नहीं है कि आपके पास धन नहीं होना चाहिए, या आपको केवल जरूरत की चीजों से काम चलाना चाहिए और विलासिता से बचना चाहिए।

आप जो चाहते हैं वह सब प्राप्त करें—और उससे भी अधिक—बस एक बात ज़रूरी है: सत्य को जानें और उसका अनुभव करें। धन किसी का नहीं है। स्वामित्व का कोई वास्तविक अस्तित्व नहीं है। आप कुछ नहीं हैं, न मैं, न और कोई।

सब कुछ भगवान का है, क्योंकि ग्रंथ का पहला श्लोक ही यह कहता है कि हर चीज़ में भगवान को देखो। भगवान उस धन में भी हैं जिसका आप उपयोग करते हैं। वे आपकी इच्छा में हैं, वे उन वस्तुओं में हैं जिन्हें आप खरीदते हैं, वे आपके कपड़ों में हैं, आपके आभूषणों में हैं। यही सोचने का तरीका होना चाहिए।

जैसे ही आप इस नज़रिए से चीज़ों को देखना शुरू करेंगे, हर चीज़ का स्वरूप बदल जाएगा। अगर आप अपनी हर गतिविधि, बातचीत, और रूप में भगवान को शामिल कर लें, तो दुनिया आपको दुखों से भरी नहीं, बल्कि एक स्वर्ग जैसी दिखने लगेगी।

यीशु कहते हैं, "स्वर्ग का राज्य तुम्हारे भीतर है" — यही बात वेदांत और हर महान गुरु भी कहते हैं। "जिसके पास देखने की आँखें हैं, वह देखे; और जिसके पास सुनने के कान हैं, वह सुने।" वेदांत यह सिद्ध करता है कि वह सत्य जिसकी हम हमेशा से खोज कर रहे थे, वह सचमुच मौजूद है — और वह हमेशा से हमारे साथ था।

अज्ञान के कारण, हमने समझा कि वह सत्य कहीं खो गया है। उसे खोजने के लिए हम पूरी दुनिया में भटकते रहे, रोते-बिलखते रहे, जबकि वह सदा से हमारे अपने हृदय में ही था। और केवल वहीं हमें वह मिल सकता है।

यदि हम संसार को त्यागने का अर्थ केवल उसका पुराना, अधूरा मतलब मानते हैं, तो हम सोचने लगेंगे कि हमें कोई काम नहीं करना चाहिए — बस चुपचाप बैठे रहना चाहिए, मिट्टी की तरह, न सोचें, न कुछ करें, बस भाग्य और परिस्थितियों के अनुसार बहते रहें, प्रकृति के आदेशों से संचालित होते रहें, दिशाहीन घूमते रहें।

लेकिन त्याग का यह अर्थ नहीं है। हमें तो काम करना चाहिए।

सामान्य मनुष्य, जो हर जगह झूठी इच्छाओं से संचालित होता है, उसे असली काम का अर्थ ही नहीं पता। जो केवल अपनी भावनाओं और इंद्रियों से संचालित होता है, वह काम के बारे में क्या जानेगा? सच्चा काम वही करता है जो अपनी इच्छाओं से नहीं, किसी भी स्वार्थ से प्रेरित नहीं होता। सच्चा काम वही करता है, जिसके मन में कोई छिपा उद्देश्य नहीं होता। वह बिना कुछ पाने की अपेक्षा किए ही कर्म करता है।

*

बहुत से लोग सुख को ही जीवन का लक्ष्य बनाते हैं। इस सुख को पाने के लिए वे इन्द्रियों का पीछा करते हैं। लेकिन असली सुख की खोज तो ऊँचे स्तरों पर होती है — पहले मानसिक स्तर पर, फिर आध्यात्मिक स्तर पर, और अंत में अपने भीतर ईश्वर को जानने में। जिस व्यक्ति का सुख उसके बाहर की चीज़ों पर निर्भर करता है, वह उन चीज़ों के खो जाने पर दुखी हो जाता है।

सच्चे सुख के लिए आप ब्रह्मांड की किसी बाहरी चीज़ पर निर्भर नहीं रह सकते। अगर मेरा सारा सुख मेरे भीतर है, तो मुझे हर समय सुखी रहना चाहिए, क्योंकि मैं अपने स्व को कभी नहीं खो सकता। माता-पिता, संतान, जीवनसाथी, शरीर, धन — ये सब मैं खो सकता हूँ, लेकिन अपने स्व को नहीं। सारी इच्छाएँ उसी स्व में समाहित होती हैं। यह वही व्यक्तित्व है जो कभी नहीं बदलता और पूरी तरह परिपूर्ण है।

और इसे कैसे पाया जाए? वही रास्ता है जिसे इस दुनिया के सभी महान आत्माओं — सभी महापुरुषों और महान स्त्रियों — ने अपनाया। उन्होंने एक ही सत्य को पाया: कि यह झूठा व्यक्तित्व समाप्त होना चाहिए।

तो जितना कम मेरा अहंकार होगा, उतना ही मैं अपने असली

रूप — सार्वभौमिक शरीर — के करीब आ जाऊँगा। जितना कम मैं अपने व्यक्तिगत मन के बारे में सोचूँगा, उतना ही मैं सार्वभौमिक मन के पास पहुँचूँगा। और जितना कम मैं अपनी आत्मा के बारे में सोचूँगा, उतना ही मैं सार्वभौमिक आत्मा के निकट हो जाऊँगा।

हम एक शरीर में रहते हैं। उसमें हमें सुख-दुख दोनों मिलते हैं। और इसी शरीर से मिलने वाले थोड़े-से सुख की खातिर हम खुद को बचाने के लिए ब्रह्मांड की हर चीज से लड़ने को तैयार हो जाते हैं।

क्या यह अच्छा न होता अगर हमारे पास एक की जगह दो शरीर होते? हमें आनंद की ओर निरंतर बढ़ते रहना चाहिए। मैं हर किसी में हूँ — हर हाथ से काम करता हूँ, हर पाँव से चलता हूँ, हर मुँह से बोलता हूँ, हर शरीर में रहता हूँ। मेरे शरीर अनगिनत हैं, मेरे मन असंख्य हैं। मैं यीशु, बुद्ध, मोहम्मद और अतीत की हर महान आत्मा में था। मैं उन सभी में रहूँगा जो भविष्य में आएँगे। यह कोई कल्पना नहीं — यह सत्य है।

अगर तुम इसे समझ पाओ, तो देखो यह कितनी अद्भुत अनुभूति होगी! आनंद की इससे अधिक पराकाष्ठा क्या हो सकती है? कौन-सा एक शरीर इतना महान है कि हमें उसमें ही सारा सुख खोजने की जरूरत पड़े? जब हम हर शरीर में रह चुके हों, तब क्या बचता है? तब हम अनंत के साथ एक हो जाते हैं — यही लक्ष्य है, यही मार्ग है।

एक व्यक्ति कहता है, "यदि मैं सत्य को जान लूँ, तो मैं मक्खन की तरह पिघल जाऊँगा।" मैं चाहता हूँ कि लोग पिघलें — लेकिन वे इतने कठोर हैं कि जल्दी पिघलते ही नहीं!

*

जीवन्मुक्त — यानी वह जो जीते जी मुक्त है और जिसने आत्मज्ञान प्राप्त कर लिया है — वही सच्चे प्रेम, सच्चे दान और सच्चे सत्य को देने में सक्षम होता है। और यह केवल सत्य ही है जो हमें मुक्त करता है। इच्छा हमें बाँधती है; यह एक न मिटने वाली तृष्णा है, एक कठोर शासक की तरह, जो अपने शिकार को कभी चैन नहीं लेने देता। लेकिन जीवन्मुक्त उस ज्ञान तक पहुँच चुका होता है जहाँ वह जानता है कि वह स्वयं पूर्ण है — और इसलिए अब उसमें इच्छा करने को कुछ भी नहीं बचता।

मन ही है जो हमारे सामने सभी भ्रम लाता है — शरीर, लिंग, धर्म, जाति, बंधन — सब कुछ उसी की रचना है। इसलिए मन को बार-बार सत्य की याद दिलानी चाहिए, जब तक कि वह स्वयं उसका अनुभव न कर ले। हमारा असली स्वरूप आनंद है, और जो भी आनंद हम जीवन में जानते हैं, वह केवल उस दिव्य आनंद का प्रतिबिंब है — उस सच्चे स्वरूप का, जिसे छूने पर हमें यह आनंद मिलता है।

वह आनंद सुख और दुख दोनों से परे है। वह इस सृष्टि का साक्षी है — वही शांत पाठक, जिसके सामने जीवन की किताब के पन्ने पलटते रहते हैं, लेकिन वह स्वयं कभी नहीं बदलता।

लगातार अभ्यास से योग प्राप्त होता है, योग से ज्ञान आता है, ज्ञान से प्रेम उत्पन्न होता है, और प्रेम से मिलता है सच्चा आनंद।

*

जिस पल तुम धर्म, परंपराओं और रीतियों को ही "सब कुछ" और "अंतिम सत्य" मानने लगते हो, उसी क्षण तुम बंधन में फँस जाते हो। दूसरों की भलाई के लिए इन परंपराओं में भाग ज़रूर लो, लेकिन सावधान रहो कि ये तुम्हारे लिए बंधन न बन जाएँ। धर्म तो एक ही है, लेकिन उसे अपनाने और व्यक्त करने के तरीके

अलग-अलग हो सकते हैं। इसलिए हर व्यक्ति को अपनी समझ से संदेश देने दो, लेकिन दूसरों के धर्म में दोष मत ढूँढो।

यदि तुम सच में प्रकाश को देखना चाहते हो, तो तुम्हें हर प्रकार के बाहरी रूपों से ऊपर उठना होगा। ईश्वर के ज्ञान रूपी अमृत को पूरी तरह से पी लो। जिसने एक बार यह अनुभव कर लिया कि "मैं वही हूँ" — वह ब्रह्म हूँ — वह भले ही पुराने कपड़े पहने हो, लेकिन फिर भी भीतर से सुखी रहता है। अनंत की ओर जाओ और वहाँ से अनंत ऊर्जा के साथ लौटो। जो सत्य की खोज में निकलता है, वह पहले दास होता है, लेकिन वापस तब लौटता है जब वह मुक्त हो चुका होता है।

*

गुलामी चाहे सोने की हो या लोहे की, दोनों एक जैसी ही हैं। दोनों ही बुरी हैं। तो क्या इससे बाहर निकलने का कोई रास्ता है?

रास्ता सिर्फ याद करने में है — अपने असली स्वरूप को पहचानने में — कर्म से छुटकारा पाने में नहीं। क्या तुम्हें मुक्ति किसी और से मिलेगी? नहीं, तुम पहले से ही मुक्त हो।

बार-बार खुद से कहो, "मैं मुक्त हूँ।" अगर अगले ही पल भ्रम आकर कहे, "मैं बंधा हुआ हूँ," तो घबराओ मत। पूरे मन को इसी विचार से भर दो।

सबसे पहले इस सत्य को सुनो। पहले इसे समझो। फिर दिन-रात इसी पर विचार करो। बार-बार मन को भरो, "मैं वही हूँ। मैं ही सारा ब्रह्मांड हूँ। कभी कोई बंधन था ही नहीं।"

अपने मन की पूरी शक्ति से इस पर तब तक ध्यान केंद्रित करो जब तक तुम्हें हर चीज — ये दीवारें, घर, शरीर — सब पिघलते और गायब होते न दिखें। जब तक यह न लगे कि "मैं ही अकेला शेष हूं, मैं ही सब कुछ हूं।"

संघर्ष करते रहो! सोचो, "क्या फर्क पड़ता है! हमें बस आज़ादी चाहिए। हमें किसी शक्ति की लालसा नहीं। हम इस दुनिया को भी छोड़ते हैं, स्वर्ग को भी, और नरक को भी। मुझे इन सबका क्या लेना-देना! मुझे परवाह नहीं कि मेरा मन काबू में है या नहीं! वो जैसे चाहे वैसा चले। इससे कोई फर्क नहीं पड़ता, क्योंकि मैं मन नहीं हूँ — वो अपनी राह चले!"

*

ऐसा कोई भी समाज नहीं था जहाँ धर्म न रहा हो या जहाँ किसी न किसी रूप में ईश्वर या देवी-देवताओं की पूजा न की गई हो। ईश्वर या देवता वास्तव में हैं या नहीं — यह मुद्दा नहीं है; असली सवाल है कि यह मनोवैज्ञानिक अनुभव क्यों हर जगह पाया जाता है? पूरी दुनिया क्यों ईश्वर को खोजती रही है?

क्योंकि इतने सारे बंधनों के बावजूद — प्रकृति और नियमों की भारी शक्ति के बावजूद जो हमें हर ओर से नियंत्रित करती है, जो हमें कुछ भी अपनी इच्छा से करने नहीं देती — इसके बावजूद, मानव आत्मा कभी अपनी आज़ादी को नहीं भूलती। वह हमेशा इसे खोजती रहती है।

हर धर्म की मूल खोज वही है: स्वतंत्रता। भले ही वे इसे साफ़-साफ़ न समझ पाएं, भले ही उनके शब्द अधूरे हों, विचार वहीं है। सबसे साधारण इंसान, सबसे अनपढ़ भी, किसी ऐसी शक्ति की तलाश करता है जो प्रकृति के नियमों से ऊपर हो — कोई

ऐसा जो प्रकृति को झुका सके, जो सर्वशक्तिमान नियमों से बंधा न हो।

"ओह, कोई तो हो जो नियमों को तोड़ सके!" — यह इंसान के दिल की पुकार है। हम हमेशा किसी ऐसे की खोज करते हैं जो नियमों से ऊपर हो। एक तेज़ इंजन पटरी पर दौड़ता है और एक छोटा कीड़ा रास्ते से हट जाता है। हम फौरन कहते हैं, "इंजन तो बस एक निर्जीव मशीन है; लेकिन कीड़ा जीवित है," क्योंकि कीड़ा नियम तोड़ने की कोशिश करता है।

इंजन, चाहे जितना भी ताकतवर हो, कभी नियम नहीं तोड़ता। वह मनुष्य द्वारा निर्धारित दिशा में ही चलता है और कुछ नहीं कर सकता। लेकिन वह छोटा सा कीड़ा, जो कितना भी नाज़ुक हो, नियम तोड़ने की कोशिश करता है, खतरे से बचने की कोशिश करता है। वह अपनी आज़ादी जताता है, और यही भविष्य में भगवान बनने की संभावना दिखाता है।

हमें हर जगह आत्मा की इसी स्वतंत्रता की पुकार सुनाई देती है। हर धर्म में यह भावना ईश्वर या देवता के रूप में प्रकट होती है। लेकिन यह सब अब भी बाहर की ओर है — उन लोगों के लिए जो ईश्वर को बाहरी रूप में देखते हैं।

इंसान ने खुद को तुच्छ मान लिया। उसे डर था कि वह कभी भी स्वतंत्र नहीं हो सकता। इसलिए वह प्रकृति के बाहर किसी ऐसे को खोजने निकला जो स्वतंत्र हो। फिर उसे लगा कि ऐसे कई स्वतंत्र प्राणी हो सकते हैं, और धीरे-धीरे उसने उन सबको मिलाकर एक परम देवता और प्रभु की कल्पना की।

फिर भी उसे पूरी संतुष्टि नहीं मिली। वह धीरे-धीरे सत्य के थोड़ा और पास आया, और फिर महसूस किया कि जो भी वह था, वह किसी न किसी रूप में देवताओं के देवता और प्रभुओं के प्रभु से

जुड़ा हुआ था। उसने खुद को भले ही कमजोर और बंधा हुआ समझा, फिर भी वह उस ईश्वर से किसी गहरे स्तर पर जुड़ा हुआ था।

इसके बाद उसके भीतर दर्शन जागे, विचार पैदा हुए, और ज्ञान आगे बढ़ा। वह उस ईश्वर के और करीब आता गया, और अंततः उसे यह सच्चाई समझ में आई कि ईश्वर, सारे देवता, और यह पूरी खोज — यह सब उसकी अपनी ही सोच का प्रतिबिंब था।

फिर उसने जाना कि सिर्फ यह नहीं कि "ईश्वर ने मनुष्य को अपनी छवि में रचा", बल्कि यह भी उतना ही सच है कि मनुष्य ने ईश्वर को अपनी छवि में गढ़ा। यहीं से दिव्य स्वतंत्रता का विचार जन्मा। वह दिव्यता हमेशा हमारे भीतर थी, सबसे पास — जिसे हम बाहर खोजते रहे, वही हमारे अपने दिल के भीतर था।

आपने उस आदमी की कहानी सुनी होगी जिसे लगा कि कोई दरवाज़ा खटखटा रहा है। वह दरवाज़ा खोलने गया लेकिन वहाँ कोई नहीं था। बार-बार यही हुआ। आखिरकार उसे समझ आया कि जो दस्तक वह सुन रहा था, वह किसी और की नहीं, उसकी अपनी दिल की धड़कन थी।

ठीक इसी तरह, मनुष्य जब अपनी खोज पूरी करता है, तो वह यह पाता है कि जिसे वह अनंत स्वतंत्रता समझकर हमेशा बाहर की प्रकृति में खोजता रहा, वह वास्तव में उसके भीतर ही थी — आत्माओं की वही शाश्वत आत्मा। यही असली सच्चाई है, और वह सच्चाई वही स्वयं है।

आखिरकार, वह इस अद्भुत द्वैत को पहचानता है: विषय और वस्तु, अनंत और सीमित — दोनों एक ही हैं। वही अनंत सत्ता, बुद्धि के जाल में बंधकर सीमित रूप में दिखाई देती है, लेकिन उसकी असली प्रकृति नहीं बदलती।

इसलिए यही सच्चा ज्ञान है — कि हमारे भीतर जो आत्मा की आत्मा है, वह न बदले जाने वाली, शाश्वत, सदा-आनंदित और सदा-मुक्त सत्ता है। हमारे जीवन के लिए खड़े होने का यही एकमात्र ठोस आधार है।

यहीं से सभी मृत्यु का अंत होता है, अमरता का आरंभ होता है, और सारे दुख मिट जाते हैं। जो व्यक्ति सबमें उसी एक को देखता है, और बदलती दुनिया में भी उस एक को अपरिवर्तनीय समझता है, जो उसे अपनी आत्मा की आत्मा मानकर देखता है — वही व्यक्ति शाश्वत शांति को प्राप्त करता है। किसी और को नहीं।

*

चेतना भी एक प्रकार का बंधन है। "डिज़ाइन से तर्क" यह कहता है कि बुद्धि हर चीज़ से पहले आती है; लेकिन अगर बुद्धि किसी चीज़ का कारण है, तो इसका मतलब है कि वह खुद भी किसी प्रभाव का नतीजा है। यही माया है। भगवान हमें बनाते हैं, और हम भगवान की कल्पना करते हैं — यही भ्रम है जिसे माया कहा जाता है।

यह चक्र कभी टूटता नहीं — मन शरीर को बनाता है, और शरीर मन को बनाता है; जैसे अंडे से मुर्गी और मुर्गी से अंडा; बीज से पेड़ और पेड़ से बीज। यह दुनिया न पूरी तरह से अलग-अलग है, न ही पूरी तरह से एक जैसी। मनुष्य स्वतंत्र है, और उसे इन दोनों विचारों से ऊपर उठना चाहिए। दोनों ही अपने स्थान पर सही हैं, लेकिन यदि हमें वास्तविक सत्य यानी "अस्तित्व" तक पहुंचना है, तो हमें अस्तित्व, इच्छा, चेतना, क्रिया, गति, और ज्ञान जैसी हमारी सभी मौजूदा धारणाओं से परे जाना होगा।

व्यक्तिगत आत्मा की कोई स्थायी स्वतंत्र पहचान नहीं होती —

वह अंत में एक मिश्रण की तरह टूटकर अलग-अलग हिस्सों में बंट जाती है। केवल वही तत्व जो और अधिक विश्लेषण से परे है, वास्तव में "सरल" होता है — और वही सच्चा है, वही स्वतंत्र है, वही अमर है, और वही आनंद स्वरूप है।

*

शुद्ध हृदय सत्य को प्रतिबिंबित करने के लिए सबसे उत्तम दर्पण होता है, इसलिए सभी साधन और अनुशासन हृदय को शुद्ध करने के लिए होते हैं। और जैसे ही हृदय शुद्ध होता है, समस्त सत्य तुरंत उसमें चमकने लगता है; यदि हृदय पूरी तरह से शुद्ध हो जाए, तो ब्रह्मांड का समस्त सत्य उसी में प्रकट हो जाएगा।

लक्ष्य तक पहुंचने वाला तत्व हृदय ही है। हृदय का अनुसरण करो। शुद्ध हृदय बुद्धि से आगे देखता है; यह भीतर से प्रेरणा पाता है; यह ऐसी बातें समझ लेता है जिन्हें तर्क नहीं समझ सकता। जब भी शुद्ध हृदय और बुद्धि के बीच टकराव हो, तो हमेशा शुद्ध हृदय का पक्ष लो—even अगर तुम्हें लगे कि वह जो कर रहा है, वह उचित नहीं है। जब हृदय दूसरों की भलाई की इच्छा करता है, तब भले ही मस्तिष्क कहे कि यह व्यवहारिक नहीं है—हृदय का अनुसरण करो, और तुम देखोगे कि तुम बुद्धि के कहे से कम गलतियाँ करोगे।

*

सत्य का सार अनुभव है। उसे ही अपना अंतिम लक्ष्य मानो। हर अलग-अलग पंथ बस उस तक पहुंचने का एक रास्ता है।

किसी की प्रगति को परखने का मापदंड यह है कि उसने कितना त्याग किया है। जहाँ तुम्हें लगे कि किसी व्यक्ति का काम और धन के प्रति आकर्षण बहुत कम हो गया है—भले ही वह किसी

भी पंथ से हो—तो जान लो कि उसकी आत्मा जाग रही है। आत्म-साक्षात्कार का द्वार उसके लिए खुल चुका है।

इसके विपरीत, अगर तुम एक हजार बाहरी नियमों का पालन करो और हजारों शास्त्रों से उद्धरण दे सको, फिर भी यदि तुम्हारे अंदर त्याग की भावना नहीं जगी, तो मानो तुम्हारा जीवन व्यर्थ गया। इस अनुभव को गंभीरता से लो और मन से इसमें लगो। अच्छा, तुमने शास्त्रों का खूब अध्ययन किया है। लेकिन इसका क्या परिणाम हुआ? कुछ लोग पैसे की चिंता करके करोड़पति बन गए हैं, और तुम शास्त्रों को सोचकर पंडित बन गए हो—लेकिन दोनों ही बंधन में हैं। असली ज्ञान प्राप्त करो, और विद्या-अविद्या, सापेक्ष ज्ञान और अज्ञान—सबसे ऊपर उठ जाओ।

*

अनुभव ही ज्ञान का असली स्रोत है। अनुभव ही हमारा सच्चा शिक्षक है। हम चाहे जीवन भर बातें करें, तर्क करें, लेकिन जब तक खुद अनुभव न करें, तब तक सत्य का एक शब्द भी समझ नहीं सकते।

आप मुझे किसी देश का नक्शा दिखाकर मेरी देखने की इच्छा को पूरी तरह संतुष्ट नहीं कर सकते; उसके लिए मुझे खुद वहां जाना और देखना होगा। नक्शे केवल हमारे अंदर गहरी समझ पाने की इच्छा जगा सकते हैं, इसके अलावा उनका कोई विशेष मूल्य नहीं है।

पुस्तकों से चिपके रहना केवल हमारे मन को कमजोर बनाता है। इससे बड़ा कोई अपमान नहीं हो सकता कि कोई कहे ईश्वर का सारा ज्ञान केवल किसी एक पुस्तक में सीमित है। मनुष्य ईश्वर को अनंत कहने का साहस करता है, और फिर उसे एक छोटी सी किताब में बंद करने की कोशिश करता है!

लाखों लोग केवल इसलिए मारे गए क्योंकि उन्होंने किसी किताब में लिखी बातों पर भरोसा नहीं किया, क्योंकि वे नहीं मान सके कि ईश्वर का पूरा ज्ञान किसी एक पुस्तक के अंदर समा सकता है। आज भले ही वह हिंसा थम गई हो, लेकिन आज भी दुनिया किताबों के भरोसे में जकड़ी हुई है।

*

बिना सोचे समझे किसी बात पर विश्वास करना आत्मा को नीचे गिराना है। आप नास्तिक बन सकते हैं, लेकिन किसी भी बात को बिना सवाल किए न मानें। आत्मा को पशु जैसे स्तर पर क्यों ले जाना? ऐसा करके आप सिर्फ खुद को नुकसान नहीं पहुँचाते, बल्कि समाज को भी हानि पहुँचाते हैं और आने वाली पीढ़ियों के लिए भी खतरा बनते हैं। जागो और सोचो, अंधविश्वास से बचो। धर्म का मतलब है अनुभव करना और खुद धर्म बन जाना, केवल विश्वास करना नहीं। यही असली धर्म है, और जब आप इसे पा लेते हैं, तब आप धर्मस्वरूप हो जाते हैं। इससे पहले तक आप पशुओं से बढ़कर नहीं हैं।

महान बुद्ध ने कहा, "जो कुछ तुमने सुना है उस पर केवल इसलिए विश्वास मत करो; परंपराओं पर इसलिए मत भरोसा क्योंकि वे तुम्हें पीढ़ियों से मिलती आई हैं; किसी बात पर इसलिए मत विश्वास करो क्योंकि बहुत से लोग उसका अनुसरण करते हैं; किसी ऋषि ने कुछ कहा है इसलिए मत मानो; अपनी आदतों से जुड़े विचारों को भी आँख मूंदकर मत मानो; केवल शिक्षकों और बड़ों के कहने से मत मानो। पहले सोचो, तर्क करो, विश्लेषण करो — और जब कोई बात बुद्धि से ठीक लगे और सभी के भले की हो, तभी उसे स्वीकार करो और उसी के अनुसार जीवन जियो।"

*

धर्म तर्क से परे है—यह एक अलौकिक अनुभव है। आस्था केवल विश्वास नहीं है, यह परम सत्य को थाम लेने जैसी होती है, जैसे कोई प्रकाश मिल गया हो। पहले सुनो, फिर तर्क करो और देखो कि आत्मा के बारे में तर्क क्या बता सकता है। तर्क की बाढ़ को उस पर बहने दो—और जो कुछ शेष बचे, उसे ही स्वीकार करो। अगर कुछ नहीं बचता, तो भी ईश्वर का धन्यवाद कि तुम अंधविश्वास से बचे। लेकिन जब तुम जान लो कि आत्मा को कोई नहीं छीन सकता, कि वह हर परीक्षा में सच्ची उतरती है—तो उस पर अडिग रहो और यह ज्ञान दूसरों तक पहुँचाओ। सत्य कभी पक्षपाती नहीं होता; वह सभी के भले के लिए होता है।

अंत में, शांति और पूर्ण विश्राम में उसी पर ध्यान करो। अपने मन को उसी पर स्थिर करो और अपने आप को उससे एक कर लो। तब बोलने की आवश्यकता नहीं रह जाती—मौन ही सत्य को पहुँचा देता है। अपनी ऊर्जा बातों में मत खर्च करो, बल्कि मौन में ध्यान करो। बाहरी दुनिया की भीड़ को अपने भीतर न घुसने दो। जब मन उच्चतम अवस्था में होता है, तब तुम संसार के प्रति अचेतन होते हो। मौन में शक्ति इकट्ठी करो और आत्मिक ऊर्जा का स्रोत बनो।

भिखारी कभी नहीं दे सकता—केवल राजा दे सकता है, और वह भी तभी, जब उसे खुद कुछ न चाहिए हो।

*

संसार की प्रगति का मतलब है ज्यादा आनंद और ज्यादा दुख। जीवन और मृत्यु, अच्छाई और बुराई, ज्ञान और अज्ञान का यह मिश्रण ही माया कहलाता है — या यह पूरी ब्रह्मांडीय घटना।

आप अनंत काल तक इस जाल में सुख खोजते रह सकते हैं

— आपको बहुत सुख मिलेगा, लेकिन उसके साथ बहुत बुराई भी होगी। केवल अच्छाई की उम्मीद करना और यह मानना कि बुराई नहीं होगी — यह सोच बचकानी है।

आपके सामने दो रास्ते हैं — पहला यह कि सारी उम्मीदें छोड़कर संसार को जैसा है वैसा ही स्वीकार कर लें, और कभी-कभी मिलने वाले सुख की आशा में दुख और तकलीफ को सहते रहें। दूसरा रास्ता यह है कि सुख की तलाश ही छोड़ दें, यह जानकर कि सुख खुद दुख का दूसरा रूप है, और फिर सत्य की खोज करें — और जो लोग सचमुच साहस के साथ सत्य की खोज करते हैं, वे उस सत्य को हमेशा अपने भीतर मौजूद पाते हैं।

तब हम यह भी समझ पाते हैं कि वही एक सत्य हमारे भ्रम और ज्ञान दोनों में कैसे प्रकट होता है — और हम यह भी पाते हैं कि वही एक सत्य आनंद है, जो कभी अच्छाई तो कभी बुराई के रूप में सामने आता है; और वही एक अस्तित्व है, जो कभी जीवन तो कभी मृत्यु के रूप में दिखता है।

*

जो व्यक्ति अपने आपको स्वतंत्र मानता है, वह सच में स्वतंत्र हो जाता है; और जो अपने को बंधन में मानता है, वह हमेशा बंधा ही रहता है। यह आम कहावत बिल्कुल सच है: “जैसा मनुष्य सोचता है, वैसा ही वह बन जाता है।” जो व्यक्ति हमेशा स्वतंत्रता के विचार पर ध्यान देता है, वही सच में स्वतंत्र हो सकता है। लेकिन जो अपने आपको लगातार बंधन में मानता है, वह कई जन्मों तक उसी बंधन में पड़ा रहता है। यह एक गहरी सच्चाई है।

यह सिद्धांत आत्मिक जीवन में भी सच है और दुनिया के काम-काज में भी। जो लोग जीवन में हर समय निराश और हताश रहते हैं, वे कुछ भी बड़ा नहीं कर पाते; वे बार-बार दुखी होते हैं

और रोते-कलपते रहते हैं। “धरती का सुख और फल वे ही पाते हैं जो निडर होकर प्रयास करते हैं” — यह एक अटल और स्पष्ट सत्य है।

*

ईश्वर जीवन है; ईश्वर सत्य है... ईश्वर के अलावा बाकी सब कुछ शून्य है - आज है, कल नहीं।

*

जीव, यानी अलग आत्मा, की कोई स्थायी और सच्ची पहचान नहीं होती; अंत में यह एक मिलाजुला संघ बनकर टुकड़ों में बंट जाएगी। सिर्फ वही चीज “सरल” है जो आगे विश्लेषण करने पर भी नहीं टूटती — और वही असली सत्य है, वही असली स्वतंत्रता, अमरता और आनंद है।

जो संघर्ष इस झूठी पहचान को बचाने के लिए होते हैं, वे असल में गलत हैं। और जो प्रयास इस वैयक्तिकता को मिटाने के लिए होते हैं, वे ही असली अच्छाई हैं। ब्रह्मांड की हर चीज — चाहे उसे पता हो या न हो — इसी झूठी पहचान को तोड़ने की कोशिश में लगी है।

हर नैतिकता का आधार इस झूठे “अलग-अलगपन” को खत्म करना है, क्योंकि यही भ्रम ही सारे पापों की जड़ है।

*

ज्ञान कभी बनाया नहीं जा सकता; इसे केवल खोजा जा सकता है। और हर वह व्यक्ति जो कोई महान खोज करता है, वह

भीतर से प्रेरित होता है। फर्क बस इतना है कि जब वह कोई आध्यात्मिक सत्य लाता है, तो हम उसे पैगंबर कहते हैं; और जब वह भौतिक जगत से जुड़ा होता है, तो हम उसे वैज्ञानिक कहते हैं। हम आमतौर पर आध्यात्मिक खोजों को ज़्यादा महत्त्व देते हैं, लेकिन सच्चाई यह है कि सभी प्रकार के सत्य का स्रोत एक ही है।

ब्रह्म ही हर ज्ञान का आधार और हर चीज की वास्तविकता है। जो भी हम ज्ञाता (जानने वाला), ज्ञान (जानने की प्रक्रिया), और ज्ञेय (जो जाना जाता है) के रूप में देखते हैं — वे सब ब्रह्म में सिर्फ कल्पनाएँ हैं।

रामानुज ईश्वर को चेतना से जोड़ते हैं और कहते हैं कि ईश्वर ही ज्ञान की चेतन प्रकृति है। लेकिन अद्वैतवादी इसे और भी आगे ले जाते हैं — वे ईश्वर से जुड़ी किसी भी परिभाषा या विशेषता को स्वीकार नहीं करते, यहाँ तक कि "अस्तित्व" जैसे शब्द को भी नहीं। रामानुज कहते हैं कि जब अविभेदित चेतना विभाजित होती है, तो वह यही संसार बन जाती है।

*

सभी धर्म, एक अपवाद के बिना, मानते हैं कि मनुष्य जो था, उससे पतित है, चाहे वे इसे पौराणिक शब्दों में कहें, या दर्शन की स्पष्ट भाषा में, या काव्य की सुंदर अभिव्यक्तियों में। यह एक ऐसा तथ्य है जो प्रत्येक शास्त्र और प्रत्येक पौराणिक कथा से निकलता है कि मनुष्य जो है, वह जो था, उससे पतित है। यहूदी शास्त्र में आदम के पतन की कहानी के भीतर सत्य का यही बीज है। हिंदुओं के शास्त्रों में इसे बार-बार दोहराया गया है; एक ऐसे काल का सपना जिसे वे सत्य का युग कहते हैं, जब कोई भी व्यक्ति तब तक नहीं मरता जब तक वह मरना नहीं चाहता, जब वह अपना शरीर जब तक चाहे रख सकता था, और उसका मन

शुद्ध और मजबूत था। कोई बुराई और कोई दुख नहीं था; और वर्तमान युग उस पूर्णता की स्थिति का भ्रष्ट रूप है।

*

धर्म को सही से समझने के लिए सही मनोवैज्ञानिक समझ ज़रूरी है। केवल तर्क के सहारे सत्य तक पहुंचना असंभव है, क्योंकि अधूरा तर्क अपने ही स्रोत को नहीं समझ सकता। इसलिए मन को समझने का एकमात्र रास्ता यह है कि पहले तथ्य जुटाए जाएँ, फिर बुद्धि उन्हें व्यवस्थित करके सिद्धांत बनाए। बुद्धि को एक घर बनाना है, लेकिन वह बिना ईंटों के नहीं बना सकती — और ईंटें वो खुद नहीं बना सकती। ज्ञान-योग ही तथ्यों तक पहुंचने का सबसे भरोसेमंद तरीका है।

*

शुद्ध बनो, अंधविश्वास छोड़ो और प्रकृति के अद्भुत संतुलन को पहचानो। अंधविश्वास धर्म पर हावी हो जाता है। सभी धर्म अच्छे हैं, क्योंकि उनका मूल तत्व एक जैसा है। हर धर्म में एक मूल सत्य होता है और उसके साथ एक संदूक होता है जिसमें वह रत्न छिपा होता है।

परिस्थितियाँ बदलती रहती हैं; व्यक्ति अलग-अलग होते हैं; लेकिन केंद्र में स्थित सत्य वही रहता है। चूँकि सभी धर्मों का मूल एक जैसा होता है, इसलिए हर समुदाय के शिक्षित लोग उस मूल को बनाए रखते हैं।

हर व्यक्ति को अपनी वैयक्तिकता को पूरी तरह अपनाना चाहिए, लेकिन ये सारी वैयक्तिकताएँ मिलकर एक महान पूर्णता का निर्माण करती हैं। यह अद्भुत एकता पहले से ही मौजूद है। हर

पंथ इस सुंदर ढांचे में अपना कुछ योगदान देता है।

*

हम एक ऐसे ईश्वर में विश्वास करते हैं जो सबका पिता है, सर्वत्र मौजूद है, सब कुछ कर सकता है, और जो अपने बच्चों को असीम प्रेम से दिशा दिखाता और उनकी रक्षा करता है। हम ईसाइयों की तरह एक व्यक्तिगत ईश्वर में विश्वास करते हैं, लेकिन हम इससे आगे भी जाते हैं: हम मानते हैं कि हम स्वयं वही हैं! कि उसका स्वरूप हममें प्रकट होता है, कि ईश्वर हमारे भीतर है, और हम ईश्वर में हैं। हम मानते हैं कि सभी धर्मों में सत्य का अंश है, और हिंदू उन सभी के प्रति आदरपूर्वक झुकता है; क्योंकि इस संसार में सत्य को घटाकर नहीं बल्कि जोड़कर पाया जाता है।

हम ईश्वर को सभी धर्मों के सबसे सुंदर फूलों का एक गुलदस्ता अर्पित करेंगे। हमें ईश्वर से प्रेम केवल प्रेम के लिए करना चाहिए, किसी इनाम की आशा में नहीं। हमें अपना कर्तव्य इसलिए निभाना चाहिए क्योंकि वह कर्तव्य है, इनाम की इच्छा से नहीं। हमें सुंदरता के लिए सुंदर की पूजा करनी चाहिए, न कि किसी लाभ की उम्मीद में।

ऐसा करके हम अपने पवित्र हृदय में ही ईश्वर को देख सकेंगे। बलिदान देना, सिर झुकाना, कुछ बोलना या बुदबुदाना तभी धार्मिक हैं जब वे हमें महान और वीर कामों के लिए प्रेरित करें और हमारे विचारों को दिव्य पूर्णता की ओर ले जाएँ। यदि हम अपनी प्रार्थनाओं में यह मानते हैं कि ईश्वर हम सभी का पिता है, लेकिन रोजमर्रा की जिंदगी में हर इंसान को अपना भाई नहीं मानते, तो इसका क्या लाभ? किताबों का उद्देश्य सिर्फ यही है कि वे हमें उच्च जीवन की राह दिखाएँ; लेकिन जब तक हम उस राह पर ठोस कदमों से नहीं चलते, तब तक किसी भी किताब से कोई लाभ नहीं होता!

हर इंसान की पहचान एक कांच के गोले की तरह है। हर व्यक्ति के केंद्र में एक ही पवित्र सफेद प्रकाश होता है – दिव्य शक्ति की रोशनी – लेकिन कांच की बनावट और रंग अलग-अलग होने के कारण, वह प्रकाश अलग-अलग रूपों में दिखता है। हर एक के भीतर वही दिव्य ज्वाला समान रूप से जल रही है, और जो भी भिन्नता हम देखते हैं वह सिर्फ उसके बाहरी अभिव्यक्ति के साधन की अपूर्णता के कारण है। जैसे-जैसे हम चेतना की ऊँचाइयों पर पहुँचते हैं, ये साधन और भी पारदर्शी हो जाते हैं।

बुराई

एक विचार यह है कि पूजा के बाकी तरीके भी गलत नहीं हैं। यह उन अहम बातों में से है जिन्हें याद रखना चाहिए—जो लोग भगवान की पूजा अनुष्ठानों और प्रतीकों से करते हैं, चाहे हमें वे जैसे भी लगें, वे गलत नहीं हैं। यह एक यात्रा है—सत्य से और अधिक सत्य की ओर, छोटे सत्य से बड़े सत्य की ओर। अंधकार बस थोड़ा प्रकाश है; बुराई, कम अच्छाई है; अशुद्धता, कम पवित्रता है।

*

हमें हमेशा यह बात याद रखनी चाहिए कि हमें दूसरों को प्रेम और सहानुभूति से देखना चाहिए, यह मानकर कि वे भी उसी रास्ते पर हैं जिस पर हम पहले चल चुके हैं। अगर आप मुक्त हैं, तो आपको यह भी पता होना चाहिए कि हर कोई एक दिन इस रास्ते पर होगा, और अगर आप सच में मुक्त हैं, तो आप अस्थायीता को कैसे देख सकते हैं? अगर आप पूरी तरह शुद्ध हैं, तो आप अशुद्धता को कैसे पहचान सकते हैं? क्योंकि जो भीतर है, वही बाहर दिखाई देता है। हम तब तक अशुद्धता को देख नहीं सकते जब तक वह हमारे अंदर न हो। यह वेदांत का व्यावहारिक हिस्सा है, और उम्मीद है हम सभी इसे अपने जीवन में अपनाने की कोशिश करेंगे।

*

कोई भी ब्रह्मांड के अधिकारों को अलग नहीं कर सकता। "सही" कहना मतलब सीमाएं खींचना। यह "सही" नहीं, "जिम्मेदारी" की बात है। दुनिया में कहीं भी जो बुरा हो रहा है, उसके लिए

हर कोई जिम्मेदार है। कोई भी अपने भाई से खुद को अलग नहीं कर सकता। जो कुछ भी हमें सबके साथ जोड़ता है, वही पुण्य है; जो हमें दूसरों से अलग करता है, वह पाप है। आप अनंत का हिस्सा हैं। यही आपकी असली प्रकृति है। इसलिए आप अपने भाई के रक्षक हैं।

जीवन का पहला उद्देश्य है ज्ञान; दूसरा है सुख। ज्ञान और सुख दोनों मिलकर स्वतंत्रता की ओर ले जाते हैं। लेकिन जब तक हर प्राणी—चाहे वह चींटी हो या कुत्ता—स्वतंत्र नहीं होता, कोई भी सच में स्वतंत्र नहीं हो सकता। जब तक सब प्रसन्न नहीं होते, कोई भी पूरी तरह खुश नहीं हो सकता। जब आप किसी और को चोट पहुँचाते हैं, तो आप खुद को चोट पहुँचाते हैं, क्योंकि आप और वह भाई एक ही हैं। सच्चा योगी वही है जो खुद को पूरे ब्रह्मांड में और पूरे ब्रह्मांड को अपने भीतर देखता है। ब्रह्मांड का उच्चतम नियम है आत्म-बलिदान, न कि आत्म-आत्ममोह। दुनिया इतनी दुखी इसलिए है क्योंकि यीशु का यह उपदेश—"बुराई का विरोध मत करो"—कभी आजमाया ही नहीं गया। निस्वार्थता ही सभी समस्याओं का हल है। धर्म, सच्चे त्याग की भावना के साथ आता है।

*

हर इच्छा में कुछ न कुछ बुराई छिपी होती है, चाहे वह देखने में अच्छी लगे या बुरी लगे। यह ठीक उस कुत्ते की तरह है जो दूर होते जा रहे मांस के टुकड़े को पकड़ने के लिए बार-बार कूदता है, लेकिन अंत में थककर गिर जाता है और मारा जाता है। ऐसे मत बनो। अपनी सभी इच्छाओं को खत्म कर दो।

*

मन को शांत रखने के लिए चार तरह की सोच अपनानी चाहिए—मित्रता, दया, प्रसन्नता और उदासीनता—यह चारों हमारे सामने आने वाले अलग-अलग लोगों और स्थितियों के लिए जरूरी हैं।

हमें सुखी लोगों के लिए मित्रता रखनी चाहिए; दुखी लोगों के लिए दया रखनी चाहिए; जो लोग सफल हैं, उनके लिए प्रसन्नता होनी चाहिए; और जो बुरे हैं, उनके लिए हमें उदासीन रहना चाहिए।

हर परिस्थिति के साथ यही दृष्टिकोण अपनाना चाहिए। अगर किसी के बारे में सोचते हैं कि वह अच्छा है, तो हमें मित्रवत होना चाहिए; अगर वह दुखी है, तो हमें करुणा दिखानी चाहिए; अगर वह सुखी है, तो हमें खुश होना चाहिए; और अगर वह बुरा है, तो हमें उसकी तरफ से तटस्थ रहना चाहिए। मन में उठने वाले इन अलग-अलग विचारों को इसी तरह से व्यवस्थित करना चाहिए, ताकि मन शांत बना रहे। हमारे रोजमर्रा के जीवन में ज़्यादातर समस्याएँ इसलिए होती हैं क्योंकि हम अपने मन को इस तरह से संयमित नहीं कर पाते।

उदाहरण के लिए, जब कोई हमारे साथ बुरा करता है, तो हमारी पहली इच्छा भी बुरा करने की होती है, और बुराई की ऐसी प्रतिक्रिया यह दिखाती है कि हम अपने मन को नियंत्रित नहीं कर पा रहे हैं; यह हमारी ऊर्जा को वस्तु की ओर तरंगों की तरह बाहर भेज देती है, और हम अपनी शक्ति खो बैठते हैं। हर घृणा या बुरे विचार की प्रतिक्रिया मन के लिए हानिकारक होती है; लेकिन अगर हम हर बुरे विचार, घृणा या प्रतिक्रिया को नियंत्रित कर लें, तो वही चीज़ हमारे हित में बदल सकती है।

ऐसा नहीं है कि खुद को रोकने से हम हार जाते हैं; वास्तव में, हम जितना सोचते हैं उससे कहीं ज़्यादा पाते हैं। जब भी हम

नफरत या गुस्से को रोकते हैं, हमारे अंदर एक सकारात्मक ऊर्जा जमा हो जाती है; यह ऊर्जा आगे चलकर ऊंचे स्तर की शक्तियों में बदल जाती है।

*

बुराई का रूप समय के साथ बदलता है, लेकिन उसका स्वभाव वही रहता है। पहले के समय में शक्ति का शासन था, आज यह चालाकी से होता है। भारत में गरीबी अमेरिका जैसी कठोर नहीं लगती, क्योंकि यहाँ गरीब आदमी खुद से भी ज़्यादा बुरी हालत वाले को देख लेता है।

अच्छाई और बुराई एक-दूसरे से गहराई से जुड़ी हैं और एक के बिना दूसरी मुमकिन नहीं। इस ब्रह्मांड में ऊर्जा का स्तर एक झील जैसा है—हर लहर अपने साथ एक गहराई लाती है। कुल योग हमेशा बराबर रहता है; इसलिए एक आदमी की खुशी किसी और की तकलीफ़ बनती है। भौतिक खुशी सीमित है, इसलिए कोई एक खुशी तभी पा सकता है जब कोई दूसरा कुछ खोता है। लेकिन भौतिक से परे का आनंद ऐसा है जिसे बिना किसी को दुख दिए पाया जा सकता है। दरअसल, भौतिक सुख ही एक और रूप का दुख है।

यह मत मानो कि तुम दुनिया को ज्यादा सुखी बना सकते हो। जैसे बैल तेल की चक्की में अपने सामने बंधी घास तक कभी नहीं पहुंच पाता, वैसे ही हम भी हमेशा उस खुशी के पीछे भागते हैं जो मिलती नहीं, बस प्रकृति के लिए काम करते रहते हैं और फिर मर जाते हैं—फिर से वही दोहराने के लिए। अगर बुराई नहीं होती, तो हमें कभी कुछ ऊँचा पाने की प्रेरणा नहीं मिलती; हम संतुष्ट रहते और कभी भी मुक्ति के लिए संघर्ष नहीं करते। जब इंसान समझ जाता है कि भौतिक वस्तुओं में सुख की तलाश

बेकार है, तभी धर्म की शुरुआत होती है। सच्चाई तो यह है कि हर ज्ञान का अंतिम रूप धर्म ही होता है।

*

फारसी धर्म में शैतान की धारणा थी, लेकिन भारत में शैतान का कोई विचार नहीं था। बाद की पुस्तकों में इस नए विचार को जगह मिलनी शुरू हुई। बुराई का अस्तित्व है, और इस सच्चाई से इनकार नहीं किया जा सकता। ब्रह्मांड एक सच्चाई है; और यदि यह सच्चाई है, तो यह अच्छाई और बुराई दोनों का मिश्रण है। जो शक्ति ब्रह्मांड को चलाती है, उसे अच्छाई और बुराई दोनों पर नियंत्रण रखना चाहिए। वही शक्ति जो हमें जीवन देती है, वही मृत्यु भी देती है। हँसी और आँसू एक-दूसरे के जैसे हैं, और इस संसार में आँसू, हँसी से कहीं अधिक हैं। जिसने फूल बनाए, जिसने हिमालय की ऊँचाई बनाई — वह एक अच्छा भगवान है। लेकिन मेरी गलतियाँ, मेरे पाप, मेरी कमजोरियाँ किसने बनाईं? — कर्म, शैतान या मैं खुद। ऐसा उत्तर ब्रह्मांड को अधूरा और विकलांग बनाता है — जैसे यह आधा अधूरा हो, और फिर जो इसे चलाता है वह भी अधूरा, अपूर्ण भगवान हो जाता है।

*

जब हम अच्छाई और बुराई को पूरी तरह अलग-अलग, दो कटे-फटे अस्तित्व मानते हैं, तो यह दृष्टिकोण हमें असंवेदनशील और कठोर बना देता है। एक "अच्छी" महिला को हम उस महिला से अलग मानने लगते हैं जो सड़क पर चलती है। क्यों? हो सकता है वह महिला आपसे कई मायनों में बेहतर हो। ऐसा सोचना दुनिया में हमेशा जलन और नफरत को जन्म देता है—मनुष्य और मनुष्य के बीच एक स्थायी दीवार खड़ी करता है—एक अच्छे इंसान और एक कम अच्छे या बुरे इंसान के बीच। इस तरह की कठोर सोच असली बुराई है, जो सामान्य बुराई से भी

अधिक बुरी होती है। अच्छाई और बुराई अलग-अलग नहीं हैं; बुराई वही है जो अभी अच्छाई की शुरुआत में है, और अच्छाई का धीरे-धीरे विकास होता है।

*

ईसा से छह सौ साल पहले, भारत के ब्राह्मण वर्ग का लोगों पर बहुत गहरा प्रभाव था, और आम लोग बौद्धिकता और शिक्षा के ऊपरी और निचले पाटों के बीच दब गए थे। बौद्ध धर्म, जो आज मानवता के दो-तिहाई हिस्से का मार्ग है, कोई बिल्कुल नया धर्म बनकर नहीं आया, बल्कि एक ऐसा सुधार था जिसने समय के साथ आई गड़बड़ियों को हटाया।

ऐसा लगता है कि बुद्ध ही एकमात्र ऐसे पैगंबर थे जिन्होंने सब कुछ दूसरों के लिए किया और खुद के लिए कुछ भी नहीं चाहा। उन्होंने अपना घर और सारी सुख-सुविधाएँ छोड़ दीं और अपने जीवन के दिन इस बात की खोज में लगाए कि मानव पीड़ा की बीमारी की दवा क्या हो सकती है। उस समय जब लोग और पुजारी ईश्वर की प्रकृति पर बहस कर रहे थे, बुद्ध ने महसूस किया कि असली बात जिसे सब भूल चुके हैं, वह यह है कि दुख सच में मौजूद है।

बुराई की जड़ हमारी दूसरों से बेहतर बनने की चाह और हमारा स्वार्थ है। जैसे ही दुनिया निःस्वार्थ हो जाएगी, बुराई अपने आप खत्म हो जाएगी। जब तक समाज कानून और संस्थाएं बनाकर बुराई को सुधारने की कोशिश करता रहेगा, तब तक बुराई का समाधान नहीं होगा। हजारों सालों से दुनिया ने इस रास्ते को अपनाया, लेकिन यह असफल रहा है। ताकत के जवाब में ताकत से कुछ ठीक नहीं होता; बुराई को खत्म करने का एकमात्र तरीका निःस्वार्थता है। हमें लोगों को नए कानून बनाने से ज्यादा यह सिखाना चाहिए कि कानूनों का पालन कैसे किया जाए।

बौद्ध धर्म पहला धर्म था जो प्रचार के लिए निकला, फिर भी इसकी एक मुख्य शिक्षा यह थी कि किसी दूसरे धर्म का विरोध नहीं किया जाना चाहिए। अलग-अलग पंथ जब आपस में लड़ते हैं, तो वे भलाई के लिए अपनी ताकत खुद ही कम कर देते हैं।

*

अच्छाई करने के लिए भी अक्सर बुराई करनी पड़ती है। हम हर सांस के साथ हजारों छोटे जीवों की जान ले लेते हैं। एक देश की समृद्धि का मतलब होता है दूसरी जातियों का विनाश और पतन। इसी तरह, किसी एक व्यक्ति की समृद्धि बहुत से लोगों को गरीब बना देती है। यह दुनिया बुरी है – और हमेशा ऐसी ही रहेगी। यही इसकी प्रकृति है, और इसे बदला नहीं जा सकता।

*

यह कहना ठीक है कि सब कुछ ठीक है, लेकिन यह सोच धीरे-धीरे इस स्थिति में बदल सकती है कि किसी बात में हस्तक्षेप ही न किया जाए। मेरा मानना है कि यह दुनिया बुरी है – और इसमें कुछ अच्छाई की झलकें इसे और भी डरावना बना देती हैं।

हम जो भी करते हैं, उसका एकमात्र असली महत्व यह होता है कि कुछ लोग दुनिया की इस डरावनी सच्चाई को पहचानें – और फिर किसी ऐसी जगह की शरण लेने की कोशिश करें जिसे वे ईश्वर, ईसा, ब्रह्मा, बुद्ध या कोई और नाम देते हैं। नाम बदलने से बात नहीं बदलती।

*

मान लीजिए मैं कोई बुरा काम कर रहा हूँ, तब मेरा मन एक

खास प्रकार की तरंग में होता है। इस ब्रह्मांड में सभी वो मन जो उसी प्रकार की तरंगों में हैं, मेरे मन के इस कंपन से प्रभावित हो सकते हैं। इसी तरह, जब मैं कोई अच्छा काम करता हूँ, तब मेरा मन किसी दूसरी अवस्था में होता है, और उस अवस्था से जुड़े सभी मनों पर भी असर डाल सकता है। मन की यह शक्ति, दूसरे मनों को प्रभावित करने की ताकत, इस बात पर निर्भर करती है कि उस मानसिक तनाव का बल कितना है – ज्यादा हो तो प्रभाव भी ज्यादा होगा, कम हो तो असर भी कम होगा।

*

इस उपमा को आगे बढ़ाते हुए, यह पूरी तरह संभव है कि, जिस प्रकार प्रकाश तरंगें किसी वस्तु तक पहुंचने से पहले लाखों वर्षों का सफर तय करती हैं, उसी प्रकार विचार तरंगें भी किसी वस्तु से मिलने से पहले सैकड़ों वर्षों का सफर तय करती हैं जिसके साथ वे एकरूपता में कंपन करती हैं।

इसलिए यह पूरी तरह संभव है कि हमारा चारों ओर का वातावरण अच्छे और बुरे दोनों तरह के विचारों की तरंगों से भरा हुआ हो। हर सोच, जो किसी भी मस्तिष्क से निकलती है, तब तक चारों ओर फैलती रहती है जब तक उसे कोई ऐसा मन न मिल जाए जो उसे ग्रहण कर सके। कोई भी मन, जो इन तरंगों को लेने के लिए खुला होता है, उन्हें तुरंत अपने अंदर खींच लेता है।

इसलिए, जब कोई व्यक्ति कोई बुरा काम करता है, तो वह अपने मन को एक खास तरह की मानसिक स्थिति में ले आता है, और फिर वह स्थिति वातावरण में पहले से मौजूद सभी बुरी तरंगों को अपनी ओर खींचने लगती है। ये तरंगें उसके मन में घुसने की कोशिश करती हैं। इसी कारण बुराई करने वाला व्यक्ति आम तौर पर और ज़्यादा बुराई करता जाता है, क्योंकि उसके भीतर वह बुराई और तीव्र हो जाती है। ठीक यही बात अच्छाई पर भी

लागू होती है: अच्छा करने वाला व्यक्ति अपने को अच्छी तरंगों के लिए खोल देता है और इसलिए वह और भी अच्छा करता जाता है।

इसलिए, जब हम बुराई करते हैं, तो दोहरा खतरा पैदा होता है: पहला, हम अपने मन को सभी नकारात्मक असर ग्रहण करने के लिए खोल देते हैं; और दूसरा, हम एक नई बुराई को जन्म देते हैं जिसका असर आने वाले सैकड़ों वर्षों तक दूसरों पर पड़ सकता है। जब हम बुरा करते हैं, तो हम खुद को भी और दूसरों को भी नुकसान पहुंचाते हैं। लेकिन जब हम अच्छा करते हैं, तो भी हमारे अच्छे कर्म दूसरों को प्रभावित करते हैं। जैसे मनुष्य की सभी आंतरिक शक्तियाँ बाहर की ऊर्जा से ताकत पाती हैं, वैसे ही अच्छाई और बुराई भी अपने जैसे विचारों की ऊर्जा को अपने में समेट लेती हैं।

*

कर्म-योग के अनुसार, किसी भी व्यक्ति का किया गया काम तब तक खत्म नहीं हो सकता जब तक उसका परिणाम न मिल जाए; प्रकृति की कोई भी शक्ति ऐसा नहीं कर सकती कि वह परिणाम न मिले। अगर मैं कोई गलत काम करता हूँ, तो मुझे उसका फल भोगना ही पड़ेगा; इस ब्रह्मांड में ऐसी कोई ताकत नहीं है जो इसे रोक सके या बदल सके। उसी तरह, अगर मैं कोई अच्छा काम करता हूँ, तो कोई भी शक्ति नहीं है जो मुझे उसके अच्छे फल मिलने से रोक सके। हर कारण का एक असर होना ही होता है; कोई भी चीज़ इसे टाल या रोक नहीं सकती।

*

हर देश में बुराइयाँ धर्म के साथ नहीं, बल्कि उसके विरुद्ध मौजूद हैं।

*

इस संसार में किए जाने वाले बहुत से बुरे काम वास्तव में कुछ व्यक्तियों के प्रति आसक्ति के कारण ही किए जाते हैं। इसलिए अच्छे कामों के अलावा सभी तरह की आसक्ति से बचना चाहिए; लेकिन सभी से प्रेम करना चाहिए। फिर ईर्ष्या के बारे में बात करें। इंद्रियों के विषयों के संबंध में ईर्ष्या नहीं होनी चाहिए; ईर्ष्या सभी बुराइयों की जड़ है, और इसे जीतना सबसे कठिन काम है।

*

सृजन किसी चीज़ को "बनाना" नहीं है, बल्कि यह संतुलन को दोबारा पाने का प्रयास है—जैसे कॉर्क के परमाणु अगर पानी की बाल्टी में नीचे फेंके जाएं, तो वे ऊपर लौटने की कोशिश करते हैं, अकेले या समूह में। जीवन हमेशा बुराई के साथ होता है और रहेगा। थोड़ी-सी बुराई ही जीवन का कारण है; दुनिया में जो थोड़ी दुष्टता है, वह भी अपने तरीके से अच्छी है; क्योंकि जिस दिन पूरी तरह संतुलन आ गया, उस दिन दुनिया खत्म हो जाएगी, क्योंकि पूरी समानता का मतलब है विनाश। जब यह दुनिया समाप्त होती है, तो अच्छाई और बुराई भी साथ चली जाती हैं; लेकिन जब हम इस दुनिया से ऊपर उठ जाते हैं, तो हम अच्छाई और बुराई दोनों से मुक्त हो जाते हैं और सच्चा आनंद पा लेते हैं।

हम कभी भी बिना दुख के सुख नहीं पा सकते, और बिना बुराई के अच्छाई नहीं हो सकती; क्योंकि जीवन अपने आप में असंतुलन की स्थिति है। हमें जो वास्तव में चाहिए, वह है स्वतंत्रता—न जीवन, न सुख, न अच्छाई। सृजन कभी समाप्त

नहीं होता, इसका कोई आरंभ और अंत नहीं—यह एक अनंत झील है जिसमें लहरें लगातार उठती रहती हैं। अभी भी गहराइयों में कुछ हिस्से हैं जहाँ संतुलन है; लेकिन सतह पर लहरें चलती रहती हैं, संतुलन पाने का यह संघर्ष लगातार चलता है। जीवन और मृत्यु एक ही सच के दो अलग नाम हैं, एक ही सिक्के के दो पहलू। दोनों ही माया हैं—एक पल जीने की कोशिश करना, और अगले पल मरने की।

*

इस ब्रह्मांड में कुछ भी नहीं मिटता। हम जीवन और मृत्यु के बीच मौजूद हैं, और हर विचार—चाहे वह खुलकर व्यक्त किया गया हो या भीतर चुपचाप सोचा गया हो, भीड़ भरे रास्तों में या जंगलों की गहराइयों में—हमेशा जीवित रहता है। ये विचार लगातार खुद को रूप देने की कोशिश करते हैं। जब तक वे किसी रूप में प्रकट नहीं हो जाते, वे खुद को अभिव्यक्त करने के लिए संघर्ष करते रहेंगे, और कोई भी दबाव उन्हें मिटा नहीं सकता। कुछ भी पूरी तरह नष्ट नहीं होता। यहां तक कि वे विचार भी, जो कभी बुराई का कारण बने थे, फिर से प्रकट होने की कोशिश में रहते हैं—हर बार प्रकट होकर धीरे-धीरे छंटते हैं, ताकि अंत में वे पूर्ण अच्छाई में बदल सकें।

*

वस्तुगत स्वर्ग या सहस्त्राब्दि का अस्तित्व केवल कल्पना में ही होता है - लेकिन व्यक्तिपरक स्वर्ग या सहस्त्राब्दि का अस्तित्व पहले से ही है। कस्तूरी मृग को कस्तूरी की गंध के कारण की व्यर्थ खोज के बाद, अंततः उसे अपने भीतर ही खोजना होगा।

वस्तुपरक समाज हमेशा अच्छाई और बुराई का मिश्रण होगा - वस्तुपरक जीवन के बाद हमेशा उसकी छाया मृत्यु होगी, और

जीवन जितना लंबा होगा, छाया भी उतनी ही लंबी होगी। जब सूर्य हमारे सिर पर होता है, तभी कोई छाया नहीं होती। जब ईश्वर और अच्छाई और बाकी सब कुछ हमारे अंदर होता है, तो कोई बुराई नहीं होती। वस्तुपरक जीवन में, हालांकि, हर गोली का अपना बिलेट होता है - बुराई हर अच्छाई के साथ उसकी छाया के रूप में चलती है। हर सुधार के साथ बराबर गिरावट भी जुड़ी होती है। इसका कारण यह है कि अच्छाई और बुराई दो चीजें नहीं बल्कि एक ही हैं, अंतर केवल अभिव्यक्ति में है - एक डिग्री का, प्रकार का नहीं।

*

दुनिया में जो भी बुराइयाँ हैं, वे किसी और के कारण नहीं, बल्कि हमारी खुद की वजह से हैं। यह सब हमने ही किया है। जैसे हम बुरे कर्मों के कारण दुख भोगते हुए देखते हैं, वैसे ही यह भी समझा जा सकता है कि दुनिया में जितना भी दुख है, वह मनुष्य के अपने पुराने बुरे कर्मों की ही देन है।

इसलिए इस सिद्धांत के अनुसार, इंसान ही पूरी तरह जिम्मेदार है। ईश्वर को दोष नहीं दिया जा सकता। वह सदा दयालु पिता की तरह है, उस पर कोई दोष नहीं लगाया जा सकता। “जैसा बोओगे, वैसा काटोगे।”

*

बिना कुछ बुरा किए अच्छाई संभव नहीं है। हम हज़ारों छोटे मासूम जानवरों को मारे बिना साँस तक नहीं ले सकते। एक देश की समृद्धि, दूसरी कई जातियों की मृत्यु और पतन पर टिकी होती है। वैसे ही, एक व्यक्ति की समृद्धि भी कई लोगों के भिखारी बनने की वजह बनती है। दुनिया बुरी है—और हमेशा ऐसी ही रहेगी। यह उसकी प्रकृति है, और इसे बदला नहीं जा

सकता—"तुममें से कौन सोच-समझकर..." आदि जैसी बातें यही कहती हैं।

*

बुराई क्यों होती है? इस सवाल का एकमात्र समाधान यह मानना है कि ईश्वर ही अच्छाई और बुराई दोनों का कारण है। व्यक्तिगत ईश्वर के सिद्धांत में सबसे बड़ी उलझन यह है कि अगर आप कहते हैं कि वह केवल अच्छा है और बुराई से उसका कोई संबंध नहीं, तो आप अपने ही तर्क में उलझ जाते हैं। आप कैसे कह सकते हैं कि ईश्वर है? आप कहते हैं कि वह इस ब्रह्मांड का पिता है और अच्छा है; लेकिन क्योंकि ब्रह्मांड में बुराई भी मौजूद है, तो ईश्वर को बुरा भी मानना होगा। यही सबसे बड़ी दुविधा है!

असल में, न तो कोई पूर्ण अच्छाई है और न ही कोई पूर्ण बुराई। ईश्वर ही सब कुछ है। आप अच्छाई को कैसे पहचानते हैं? आप उसे महसूस करते हैं। आप बुराई को कैसे पहचानते हैं? जब बुराई सामने आती है, तो आप उसे भी महसूस करते हैं। हम अच्छाई और बुराई को अपनी भावनाओं से पहचानते हैं। ऐसा कोई इंसान नहीं है जो केवल खुशी ही महसूस करता हो। और कोई ऐसा नहीं जो सिर्फ दुख की भावना ही जानता हो।

*

बुराई पर विजय पाने का मार्ग

आपमें से जिन्होंने गीता का अध्ययन किया है, उन्हें ये यादगार अंश याद होंगे: "जो विद्वान ब्राह्मण, गाय, हाथी, कुत्ते या बहिष्कृत व्यक्ति को एक ही नजर से देखता है, वही वास्तव में ऋषि और बुद्धिमान व्यक्ति है।"

"जिसका मन इस एकता की भावना पर अडिग रहता है, वह इस जीवन में भी भिन्नता पर विजय पा लेता है, क्योंकि भगवान सबके लिए समान हैं और भगवान शुद्ध हैं। इसलिए जो व्यक्ति सभी के प्रति समानता रखता है और शुद्ध होता है, वही भगवान में स्थित कहा जाता है।"

यही वेदांत की नैतिकता का मूल है – सभी के लिए एकरूपता की भावना। हमने देखा है कि हमारा आंतरिक विचार ही बाहरी दुनिया को प्रभावित करता है। अगर हम अपने भीतर बदलाव लाते हैं, तो बाहर भी बदलाव निश्चित है; अगर हम खुद को शुद्ध करते हैं, तो दुनिया भी शुद्ध हो जाएगी।

आज की दुनिया में यह बात पहले से कहीं ज़्यादा जरूरी है। हम दूसरों की गलतियों में ज़्यादा उलझे रहते हैं, लेकिन खुद को सुधारने में बहुत कम ध्यान देते हैं। लेकिन अगर हम खुद बदलें, तो दुनिया अपने आप बदलने लगेगी; अगर हम भीतर से शुद्ध हों, तो बाहर भी शुद्धता दिखाई देगी।

सवाल ये उठता है कि हमें दूसरों में बुराई क्यों दिखती है? दरअसल, जब तक हम खुद बुरे हैं, तभी तक हमें दूसरों में बुराई दिखाई देती है। जब तक हम भीतर से कमजोर हैं, तभी तक दुख हमें छूता है। जो बातें बचपन में हमें दुखी कर देती थीं, अब हमें

परेशान नहीं करतीं। क्योंकि हम बदल गए हैं, तो उनका असर भी बदल गया। वेदांत यही सिखाता है। ये सारी बातें जिन्हें हम बुराई और दुख कहते हैं, उन पर हम तब मुस्कराएंगे जब हम उस महान एकरूपता की अवस्था में पहुँचेंगे।

यही स्थिति वेदांत में मुक्ति कहलाती है। इस मुक्ति के करीब पहुंचने की पहचान है कि व्यक्ति में समता और एकता की भावना लगातार बढ़ती जाए। जब कोई व्यक्ति सुख-दुख, जीत-हार को एक समान मानने लगे, तब उसका मन मुक्ति की अवस्था के करीब होता है।

मन को जीतना आसान नहीं है। जो मन ज़रा-सी बात पर उत्तेजित हो उठता है या मामूली खतरे पर परेशान हो जाता है, उसकी क्या स्थिरता होगी! जब तक मन ऐसे बदलावों से ऊपर नहीं उठता, तब तक किसी महानता या आध्यात्मिकता की बात करना भी व्यर्थ है। हमें पहले मन की इस चंचलता को सुधारना होगा।

हमें खुद से यह सवाल पूछना चाहिए कि बाहरी दुनिया का हमारे मन पर कितना असर हो सकता है? और यह भी कि हम बाहरी परिस्थितियों और ताकतों के बावजूद कितनी मजबूती से अपने पैरों पर खड़े रह सकते हैं? जब हम दुनिया की किसी भी शक्ति को अपने संतुलन को बिगाड़ने से रोक लेते हैं, तभी सच्ची मुक्ति मिलती है—उससे पहले नहीं। यही असली मोक्ष है।

सक्रिय रहें

हमारे स्वभाव में संगठन की क्षमता नहीं है, लेकिन हमें इसे सीखना और बढ़ाना होगा। इस विकास का मुख्य रहस्य है—ईर्ष्या से मुक्त होना, मजबूत संकल्प रखना और खुद पर पूरा भरोसा करना।

हमारे स्वभाव में संगठन की क्षमता नहीं है, लेकिन हमें इसे विकसित करना ही होगा। इसका रहस्य है—ईर्ष्या न रखना। अपने भाइयों की राय को स्वीकार करने के लिए हमेशा तैयार रहो और हमेशा समझौते की कोशिश करो। यही असली तरीका है।

बहादुरी से आगे बढ़ो! जीवन बहुत छोटा है! इसे किसी महान लक्ष्य के लिए समर्पित करो। किसी संप्रदाय से जुड़ने की ज़रूरत नहीं है, लेकिन एक-दूसरे से सहानुभूति रखो और मिलकर काम करो। . . . काम करते रहो, काम करते रहो—अपने प्रेम से सबका दिल जीत लो!

*

अगर कोई व्यक्ति रोज़ मुझे खाना देता रहेगा, तो मैं धीरे-धीरे अपने हाथों का इस्तेमाल बंद कर दूंगा। भेड़ों की तरह एक-दूसरे का अंधानुकरण करने का परिणाम होता है—आध्यात्मिक मृत्यु। निष्क्रियता मृत्यु का कारण है। सक्रिय रहो; जहां भी क्रिया होती है, वहां मतभेद भी होंगे।

भिन्नता ही जीवन की आत्मा है; वही सुंदरता है, वही हर चीज़ की कला है। यही अंतर ही सब कुछ सुंदर बनाता है। विविधता

ही जीवन का आधार और संकेत है। तो फिर हमें इससे डर क्यों लगना चाहिए?

*

अपने भीतर यह समझ विकसित करो कि क्या सही है और क्या गलत। क्या तुमने वेदांत नहीं पढ़ा है? सोते समय भी अपने सिरहाने विवेक की तलवार रखो, ताकि लालच तुम्हारे सपनों में भी न आ सके। जब तुम इस शक्ति का अभ्यास करते जाओगे, तब धीरे-धीरे त्याग की भावना आएगी, और फिर तुम देखोगे कि स्वर्ग के दरवाज़े तुम्हारे लिए खुल गए हैं।

*

जो भी प्रकृति के खिलाफ खड़ा होता है, वह चेतन होता है: वहाँ चेतना जागती है। एक छोटी-सी चींटी को मारने की कोशिश करो, वह भी एक बार ज़रूर विरोध करेगी ताकि अपनी जान बचा सके। जहाँ भी संघर्ष होता है, जहाँ भी विद्रोह होता है, वहाँ जीवन की निशानी होती है, वहीं चेतना दिखाई देती है।

*

दुनिया के कई देशों की यात्रा करते हुए मैंने यह महसूस किया कि कपड़ों, खाने-पीने, और आचरण के अलग-अलग तरीकों में जो छोटे-छोटे फर्क हमें दिखते हैं, वे केवल ऊपर-ऊपर हैं। अंदर से इंसान हर जगह एक जैसा होता है; वही अनोखा मानव स्वभाव दुनिया के हर कोने में दिखाई देता है। फिर भी, कुछ खास बातें हैं, और कुछ शब्दों में मैं अपने सभी अनुभवों का सार यह कहकर देना चाहूंगा: अमेरिका की इस ज़मीन पर, किसी की विशेषता के बारे में सवाल नहीं किया जाता। अगर कोई इंसान

है, तो बस यही काफी है, और लोग उसे अपने दिलों में जगह दे देते हैं—यह बात मैंने दुनिया के किसी और देश में नहीं देखी।

*

वेदांत दर्शन के अनुसार, हर इंसान दिव्य होता है—यानि जो कुछ भी हम अपने चारों ओर देखते हैं, वह उसी दिव्य चेतना से उत्पन्न हुआ है। इंसान के स्वभाव में जो भी ताकत, अच्छाई और शक्ति होती है, वह उसी दिव्यता का परिणाम है। भले ही यह शक्ति हर किसी में अलग-अलग दिखाई दे, लेकिन हर इंसान में यह समान रूप से मौजूद होती है—इसलिए मनुष्यों में कोई अंतर नहीं है, सभी समान रूप से दिव्य हैं।

मानो हमारे पीछे एक अनंत महासागर है, और तुम और मैं उस महासागर से उठी लहरें हैं; हम सभी उस अनंत को खुद में प्रकट करने की कोशिश कर रहे हैं। इस वजह से, हममें से हर एक में अस्तित्व, ज्ञान और आनंद का वही अनंत स्रोत मौजूद है—यह हमारा जन्मसिद्ध अधिकार है, हमारा असली स्वभाव है। फर्क सिर्फ इतना है कि कोई उस दिव्यता को ज़्यादा प्रकट कर पाता है, कोई थोड़ा कम।

इसलिए, वेदांत कहता है कि हमें दूसरों से उनके बाहरी रूप के आधार पर नहीं, बल्कि उनकी भीतर की सच्चाई को देखकर व्यवहार करना चाहिए। हर इंसान दिव्यता का प्रतीक है। इसलिए, किसी भी शिक्षक का काम यह नहीं है कि वह मनुष्य की आलोचना करे, बल्कि यह है कि वह उस व्यक्ति के अंदर छिपी हुई दिव्यता को बाहर लाने में मदद करे।

यह भी सिखाता है कि समाज और हर कार्यक्षेत्र में जो विशाल ऊर्जा दिखाई देती है, वह असल में भीतर से बाहर की ओर आती है। इसलिए, जिसे दूसरे संप्रदाय 'प्रेरणा' कहते हैं, वेदांत उसे

'मनुष्य का अवसान' कहने की स्वतंत्रता चाहता है।

फिर भी, वेदांत किसी अन्य संप्रदाय से झगड़ा नहीं करता। वेदांत को उन लोगों से कोई विरोध नहीं है जो अभी तक मनुष्य की इस दिव्यता को नहीं समझते। जानबूझकर हो या अनजाने में, हर इंसान अपनी दिव्यता को प्रकट करने की कोशिश कर रहा है। मनुष्य सभी जानवरों से और सभी देवदूतों से ऊंचा है; मनुष्य से बड़ा कोई नहीं है।

मनुष्य एक अनंत स्प्रिंग की तरह है, जो एक छोटे से डिब्बे में बंद है, और वह स्प्रिंग अपने आपको प्रकट करने की कोशिश कर रही है। हमारे चारों ओर जो सामाजिक घटनाएँ घटती हैं, वे इसी प्रकटीकरण के प्रयास का नतीजा हैं। जो भी प्रतिस्पर्धा, संघर्ष और बुराइयाँ हम देखते हैं, वे इन प्रकटीकरणों का न तो कारण हैं और न ही परिणाम। जैसे हमारे एक महान दार्शनिक ने कहा है—खेत में पानी पहुँचाने के लिए तालाब ऊँचाई पर होता है, और पानी खेत में जाना चाहता है, लेकिन उसे एक गेट से रोका गया होता है।

जैसे ही गेट खुलता है, पानी अपने स्वभाव से खेत में घुस जाता है। अगर रास्ते में धूल और गंदगी हो, तो पानी उन्हें बहा ले जाता है। लेकिन वह धूल और गंदगी न तो मनुष्य की दिव्यता के प्रकट होने का कारण हैं और न ही परिणाम। वे सिर्फ साथ मौजूद स्थितियाँ हैं, जिन्हें हटाया जा सकता है।

*

वेदान्त दर्शन के अनुसार मनुष्य इस ब्रह्माण्ड में सबसे महान प्राणी है, और यह कर्म-जगत इस ब्रह्माण्ड में सर्वश्रेष्ठ स्थान है, क्योंकि केवल यहीं उसके लिए पूर्ण बनने का सबसे बड़ा और सर्वोत्तम अवसर है। देवदूत या देवता, चाहे आप उन्हें कुछ भी

कहें, सभी को पूर्ण बनने के लिए मनुष्य बनना ही होगा। यही महान केन्द्र, अद्भुत संतुलन और अद्भुत अवसर है - यह मानव जीवन।

*

जब तक लोगों के बीच साझा हितों का बंधन नहीं होगा, तब तक वे कभी एकजुट नहीं हो सकते। अगर लोगों के हित एक नहीं हैं, तो आप केवल बैठकें, समाज और व्याख्यान आयोजित करके लोगों को एकजुट नहीं कर सकते।

*

"मैं अपनी माँ के गर्भ से नंगा निकला था और नंगा ही वहाँ लौट जाऊँगा; प्रभु ने दिया और प्रभु ने ले लिया; प्रभु का नाम धन्य है।" यह उस पुराने यहूदी संत ने तब कहा जब वह जीवन की सबसे बड़ी आपदाओं से गुजर रहा था, जबकि उसने कोई गलती नहीं की थी। इसी में जीवन के पूरे रहस्य की झलक मिलती है।

ऊपर लहरें हिल सकती हैं, तूफान आ सकता है, लेकिन भीतर की गहराई में अनंत शांति, अनंत शांति और अनंत आनंद मौजूद हैं। "धन्य हैं वे जो शोक करते हैं, क्योंकि उन्हें सांत्वना मिलेगी।" और क्यों? क्योंकि यही वो क्षण होते हैं जब दिल को उन हाथों से मरोड़ा जाता है जो किसी की चीख या किसी माँ की पुकार से नहीं रुकते, जब दुख, निराशा और हताशा का बोझ हमारे सिर पर होता है, जब लगता है जैसे दुनिया हमारे पैरों से खिसक गई है, और जब पूरा जीवन अंधकार और निराशा की मोटी चादर से ढका लगता है—तभी हमारी भीतरी दृष्टि जागती है, अचानक एक रोशनी दिखती है, भ्रम मिट जाता है, और हम स्वाभाविक रूप से अस्तित्व के सबसे बड़े रहस्य के सामने खड़े होते हैं।

हाँ, ऐसा उसी वक्त होता है—जब दुख इतना भारी होता है कि वह कई कमजोर दिलों को तोड़ सकता है—तब वह व्यक्ति जिसमें शक्ति है, प्रतिभा है, वह नायक, उस अनंत और निरपेक्ष, सदा आनंद में लीन अस्तित्व को देखता है, उस अनंत सत्ता को जिसे दुनिया भर में अलग-अलग नामों से पुकारा और पूजा जाता है। तब ऐसा लगता है जैसे दुख की ज़ंजीरें जो आत्मा को बांधती थीं, कुछ समय के लिए टूट जाती हैं, और आत्मा ऊपर उठती है, तब तक जब तक वह प्रभु के सिंहासन तक नहीं पहुँच जाती, "जहाँ दुष्ट परेशान नहीं करते और थके हुए विश्राम पाते हैं।"

*

दुःस्वप्न हमेशा सुखद रूप से शुरू होते हैं - केवल सबसे बुरे बिंदु पर सपना टूट जाता है - इसलिए मृत्यु जीवन के सपने को तोड़ देती है।

*

जीवन में हमारा सबसे बड़ा दोष यह है कि हम आदर्श की ओर इतने अधिक आकर्षित होते हैं, लक्ष्य इतना अधिक मोहक, इतना अधिक आकर्षक, हमारे मानसिक क्षितिज में इतना अधिक बड़ा होता है, कि हम विवरणों को पूरी तरह से भूल जाते हैं।

*

वेदांत का मुख्य विचार यह है कि सिर्फ एक ही सच्ची सत्ता है, और हर आत्मा उस सत्ता का केवल अंश नहीं, बल्कि पूरी तरह वही सत्ता है।

जैसे हर ओस की बूँद में सूरज की रोशनी दिखाई देती है, वैसे ही

समय, स्थान और कारण में प्रकट होकर जो सत्ता सामने आती है, वही मनुष्य है जैसा कि हम उसे जानते हैं। लेकिन इन सब रूपों के पीछे सिर्फ एक ही सच्चाई छिपी हुई है। निःस्वार्थ होना दरअसल उस निचली या प्रत्यक्ष आत्मा को नकारना है। हमें खुद को इस भ्रम से बाहर निकालना होगा कि हम सिर्फ ये शरीर हैं।

हमें उस सच्चाई को जानना होगा — "मैं वही हूँ"। हम समुद्र में समा जाने वाली बूँद नहीं हैं; हर व्यक्ति खुद एक संपूर्ण, अनंत समुद्र है, और जब भ्रम की जंजीरें टूट जाएँगी, तब यह बात साफ़ हो जाएगी। अनंत को बाँटा नहीं जा सकता, "एक के बिना दूसरा" मुमकिन ही नहीं है, सब कुछ वही एक है। यह ज्ञान हर किसी को कभी न कभी मिलेगा, लेकिन हमें इसे अभी पाने की कोशिश करनी चाहिए, क्योंकि जब तक हमारे पास यह ज्ञान नहीं होता, हम मानवता की सच्ची सेवा नहीं कर सकते।

*

हर इंसान का जीवन, एक तरह से, अतीत का ही विस्तार है। यह जीवन उसे वंश, परिवेश, शिक्षा, और उसके पुनर्जन्म के कारण मिलता है — यानी पूरी जाति का संचित अतीत।

कहा जा सकता है कि धरती और दुनिया का सारा अतीत हर आत्मा पर छाया हुआ है। हम आज जो कुछ भी हैं, वह उसी अनंत अतीत का परिणाम है, उसी के प्रभाव हैं। हम घटनाओं की एक निरंतर बहती धारा में बिना थमे बहते रहते हैं, थककर भी रुके बिना लगातार आगे बढ़ते हैं।

आप और मैं तो बस छोटी-छोटी चीजें हैं, बुलबुले हैं। जीवन के महासागर में कुछ बड़ी लहरें भी उठती हैं, और हममें अतीत का सिर्फ थोड़ा अंश ही समाया होता है; लेकिन कुछ महान व्यक्ति ऐसे होते हैं जो लगभग पूरे अतीत को अपने में समेट लेते हैं और

भविष्य की ओर हाथ बढ़ाते हैं।

ये लोग इंसानियत की यात्रा के मार्गदर्शक हैं; वे इतने विशाल हैं कि उनकी छाया पूरी धरती पर फैलती है — वे अमर हैं, शाश्वत हैं! जैसा कि एक पैगंबर ने कहा, “किसी ने ईश्वर को नहीं देखा, सिवाय पुत्र के।” यह सच है।

और हम ईश्वर को कहाँ देख सकते हैं, अगर “पुत्र” में नहीं? यह भी सच है कि आप, मैं, और हममें से सबसे गरीब या सबसे निम्न भी ईश्वर के प्रतिबिंब हैं। ईश्वर का प्रकाश हर जगह है, लेकिन उसे देखने के लिए हमें पहले दीपक जलाना होता है। इस ब्रह्मांड के सर्वव्यापी ईश्वर को तब तक नहीं देखा जा सकता जब तक वह इन महान दीपों — पैगंबरों, मानव-देवताओं, अवतारों — के रूप में न प्रकट हो जाए।

*

विकास और विस्तार का प्रयास करते रहो। याद रखो, जीवन की पहचान ही गति और आगे बढ़ने में है। जो प्रस्ताव पास हुआ है, वह डॉ. जे. एच. बैरो को भेजना जरूरी है। . . . . . रुकना नहीं है, हमेशा आगे बढ़ते रहो। अब तक हम बहुत अद्भुत कार्य कर चुके हैं। आगे बढ़ो, साहसी आत्माएँ, हम ज़रूर सफल होंगे! एकजुट हो जाओ, संगठन बनाओ और काम शुरू करो — यही सफलता का एकमात्र रास्ता है।

जीवन का सबसे पहला स्पष्ट चिन्ह है विस्तार। अगर तुम सच में जीना चाहते हो, तो तुम्हें आगे फैलना होगा। जिस पल तुम बढ़ना बंद करोगे, उसी पल मृत्यु तुम्हारे सामने खड़ी होगी, और खतरा करीब आ जाएगा।

*

सबसे व्यावहारिक व्यक्ति भी जीवन को न तो अच्छा कहेगा और न ही बुरा।

*

पूरा जीवन सपनों का सिलसिला है। मेरी महत्वाकांक्षा एक सचेत सपने देखने वाला बनना है, बस इतना ही।

*

मैंने अपने जीवन में यह अनुभव किया है कि जो लोग हर समय खुद को लेकर बहुत सतर्क रहते हैं, वे हर मोड़ पर खतरे में पड़ जाते हैं। जो लोग मान-सम्मान खोने से डरते हैं, वे अक्सर अपमान का ही सामना करते हैं। और जो लोग हमेशा नुकसान से डरते हैं, वे अंततः हार ही जाते हैं।

*

इसमें कोई शक नहीं कि एक गृहस्थ, जिसकी कई जिम्मेदारियाँ होती हैं, वह इस समानता को पूरी तरह नहीं अपना सकता। फिर भी यह उसका आदर्श होना चाहिए, क्योंकि हर समाज, हर व्यक्ति, हर जानवर और पूरी प्रकृति का लक्ष्य यही समानता है। लेकिन दुख की बात है कि लोग समानता पाने के लिए असमानता को ही रास्ता मान लेते हैं — जैसे कि गलत तरीके से सही तक पहुँचा जा सकता है!

यही मानवीय स्वभाव की कमजोरी है, मानव जाति का शाप है, और हमारे सारे दुखों की जड़ — यह असमानता। यह ही हमारे सभी बंधनों — चाहे वे शारीरिक हों, मानसिक हों या आध्यात्मिक — की जड़ है।

*

यह संसार एक महान अभ्यास स्थल है जहाँ हम अपनी शक्ति को बढ़ाने के लिए आते हैं।

*

हर व्यक्ति और हर देश को महान बनने के लिए तीन चीज़ें जरूरी हैं:

अच्छाई की ताकतों पर विश्वास

ईर्ष्या और शक से मुक्त होना

उन सभी की मदद करना जो कुछ अच्छा करने की कोशिश कर रहे हैं।

*

विविधता में एकता सृष्टि की योजना है, सार्वभौमिकता में व्यक्तित्व। चेतना लाने में प्रत्येक कोशिका की अपनी भूमिका होती है। मनुष्य व्यक्तिगत है और साथ ही सार्वभौमिक भी है। अपनी व्यक्तिगत प्रकृति को महसूस करते हुए ही हम अपनी राष्ट्रीय और सार्वभौमिक प्रकृति को भी महसूस करते हैं। प्रत्येक व्यक्ति एक अनंत वृत्त है जिसका केंद्र हर जगह है और परिधि कहीं नहीं है। अभ्यास से व्यक्ति सार्वभौमिक आत्म-तत्व को महसूस कर सकता है जो हिंदू धर्म का सार है। जो हर प्राणी में अपनी आत्मा को देखता है वह पंडित (ऋषि) है।

*

हम देखते हैं कि इंसान हमेशा खुद से बड़ी किसी शक्ति या सच

के बीच में जीता है, और वह इसे समझने की कोशिश करता रहता है। वह हमेशा किसी सर्वोच्च आदर्श की तलाश करता है।

उसे इस आदर्श के होने का एहसास है, और यही खोज धर्म की शुरुआत है — उस सर्वोच्च आदर्श की तलाश। शुरुआत में, उसकी सारी कोशिश बाहर की ओर थी — स्वर्ग में, किसी और जगह पर — और यह उसकी सोच, समझ और अनुभव पर आधारित थी।

बाद में, उसने खुद को गहराई से देखना शुरू किया और समझने की कोशिश की कि उसका असली "मैं" वह नहीं है जो वह खुद को आमतौर पर समझता है। जो वह इंद्रियों से देखता और महसूस करता है, वह उसके असली स्वरूप से अलग है। जब उसने खुद के भीतर खोज शुरू की, तो उसने पाया कि वही आदर्श जिसे वह बाहर ढूंढ रहा था, हमेशा से उसके भीतर मौजूद था। वह जिसे वह बाहर पूज रहा था, असल में उसका ही आंतरिक स्वभाव था।

द्वैतवाद और अद्वैतवाद में फर्क यही है — जब आदर्श को बाहर माना जाता है, तो वह द्वैतवाद है। लेकिन जब ईश्वर को अपने अंदर खोजा जाता है, तो वह अद्वैतवाद है।

*

जब हम किसी चीज़ को उसकी असली सच्चाई में समझने की कोशिश करते हैं और बहुत गहराई तक विश्लेषण करते हैं, तो हर दिशा में हम अंत में एक अजीब स्थिति पर पहुँचते हैं—ऐसी जो विरोधाभासी लगती है: कुछ ऐसा जिसे हमारी बुद्धि नहीं समझ पाती, लेकिन जो फिर भी एक सच्चाई होती है। हम किसी वस्तु को लेते हैं—हम जानते हैं कि वह सीमित है; लेकिन जैसे ही हम उसका विश्लेषण शुरू करते हैं, वह हमारी समझ से बाहर होती

जाती है, और उसके गुणों, संभावनाओं, शक्तियों और संबंधों का कोई अंत नहीं मिलता। वह वस्तु अनंत हो जाती है।

एक सामान्य फूल को ही लें, जो स्पष्ट रूप से सीमित है; लेकिन ऐसा कोई नहीं है जो कह सके कि उसने उस फूल को पूरी तरह जान लिया है। उस फूल के बारे में सब कुछ जान लेना असंभव है। वह सीमित सा फूल अब अनंत हो गया है। उसी तरह रेत का एक कण लें और उसका विश्लेषण करें। हम सोचते हैं कि वह छोटा और सीमित है, लेकिन आख़िर में हमें पता चलता है कि वह भी सीमित नहीं है—वह भी अनंत है। फिर भी, हमने उसे सीमित समझा था। फूल को भी हमने सीमित समझा था, लेकिन उसका विश्लेषण करते-करते वह भी अनंत हो जाता है।

हमारे सारे विचार और अनुभव—चाहे वे शारीरिक हों या मानसिक—इसी तरह होते हैं। शुरुआत में हमें लगता है कि हम इन्हें छोटे रूप में समझ सकते हैं, लेकिन थोड़ी ही देर में वे हमारी समझ से बाहर हो जाते हैं और अनंत में विलीन हो जाते हैं। और सबसे पहली और बड़ी चीज़ जो हम अनुभव करते हैं, वह हम खुद हैं। अस्तित्व को लेकर हम भी उलझन में हैं। हमें पता है कि हम मौजूद हैं। हम यह भी देखते हैं कि हम सीमित प्राणी हैं—हम जन्म लेते हैं और मरते हैं। हमारा नजरिया छोटा है। हम एक छोटी सी जगह में सीमित हैं और पूरे ब्रह्मांड का सामना कर रहे हैं। प्रकृति एक पल में हमें मिटा सकती है। हमारा शरीर बहुत नाजुक है—एक झटके में बिखर सकता है। ये सब बातें हम जानते हैं।

कर्म के क्षेत्र में हम बहुत कमज़ोर हैं। हमारी इच्छाएँ बहुत होती हैं, लेकिन उन्हें पूरा करने की ताक़त बहुत कम। हम बहुत कुछ करना चाहते हैं, लेकिन कर कुछ नहीं पाते। हमारी इच्छा-शक्ति की कोई सीमा नहीं है—हम सब कुछ करना चाहते हैं, यहां तक कि तारों तक जाना चाहते हैं, लेकिन वास्तव में बहुत कम कर

पाते हैं। हमारा शरीर अनुमति नहीं देता। प्रकृति अक्सर हमारी इच्छाओं के खिलाफ होती है। हम कमज़ोर महसूस करते हैं।

जो बात फूल, रेत के कण, भौतिक वस्तुओं और विचारों के लिए सच है, वही बात हमारे लिए कई गुना अधिक सच है। हम भी अस्तित्व की उसी उलझन में हैं—एक साथ सीमित भी हैं और अनंत भी। हम समुद्र में उठती लहरों की तरह हैं: लहर समुद्र का ही हिस्सा है, लेकिन फिर भी पूरा समुद्र नहीं है। लहर का हर अंश समुद्र कहलाता है, और समुद्र का हर अंश लहर कहलाता है, फिर भी दोनों अलग-अलग हैं। ऐसे ही, इस अनंत अस्तित्व के महासागर में हम लहरों की तरह हैं। जब हम सच में खुद को समझना चाहते हैं, तो हम समझ नहीं पाते—क्योंकि हम खुद अनंत हो जाते हैं।

हम ऐसा महसूस करते हैं जैसे हम सपनों में चल रहे हैं। सपनों में सोचना ठीक है, लेकिन जैसे ही आप उनमें से किसी एक को पकड़ने की कोशिश करते हैं, वह गायब हो जाता है। ऐसा इसलिए नहीं कि वह झूठा है, बल्कि इसलिए कि वह तर्क और बुद्धि की पकड़ से बाहर है। इस जीवन में सब कुछ इतना बड़ा है कि बुद्धि उसके सामने बहुत छोटी है। यह जीवन बुद्धि के नियमों को मानने से इनकार कर देता है! वह उन सीमाओं पर हँसता है जो हम बुद्धि से लगाते हैं। और अगर बात मानव आत्मा की हो, तो यह बात हजार गुना अधिक सच्ची है। “हम स्वयं” — यही ब्रह्मांड का सबसे बड़ा रहस्य है।

*

जब हम जवान और सेहतमंद होते हैं, तो सोचते हैं कि दुनिया की सारी दौलत हमारी हो जाएगी। लेकिन जब समाज हमें ठुकरा देता है और हम बूढ़े हो जाते हैं, तो एक कोने में बैठकर शिकायतें करने लगते हैं और दूसरों की उम्मीदों पर पानी फेरते हैं। बहुत

कम लोग समझते हैं कि जैसे सुख आता है, वैसे ही दुख भी आता है; और जैसे दुख बुरा लगता है, वैसे ही सुख भी, क्योंकि दोनों एक-दूसरे के साथी हैं। किसी इंसान के लिए यह शर्म की बात है कि वह दुख से भागे, और यह भी शर्म की बात है कि वह सुख की तलाश करे। जिनका विवेक संतुलित होता है, वे इन दोनों को नज़रअंदाज़ कर देते हैं। आदमी क्यों नहीं चाहता कि उसका जीवन खिलवाड़ से आज़ाद हो? अभी हमें जीवन से चोट मिलती है, और जब हम रोते हैं, तो प्रकृति हमें एक डॉलर दे देती है; फिर वही होता है — हमें फिर से चोट मिलती है, हम फिर रोते हैं, और प्रकृति हमें एक टुकड़ा मिठाई दे देती है, और हम फिर हँसने लगते हैं।

ज्ञानी व्यक्ति मुक्ति चाहता है, क्योंकि वह जान जाता है कि इन्द्रियों से मिलने वाले सुख व्यर्थ हैं और सुख-दुख का कोई अंत नहीं होता। दुनिया में कई अमीर लोग नए सुखों की तलाश में रहते हैं, जबकि सारे सुख पुराने हैं और वे कुछ नया चाहते हैं। क्या तुम नहीं देखते कि वे रोज़ कैसी-कैसी मूर्खताएं करते हैं, सिर्फ़ अपने नसों को एक पल के लिए उत्तेजित करने के लिए? और फिर इसके बाद कैसी थकान और खालीपन महसूस होता है? ज़्यादातर लोग भेड़ों के झुंड जैसे होते हैं। अगर झुंड की पहली भेड़ खाई में गिर जाए, तो बाकी सब भी उसी के पीछे गिरते हैं, बिना सोचे-समझे। इसी तरह, समाज में कोई प्रमुख व्यक्ति जो कुछ करता है, बाकी लोग भी वही करने लगते हैं, यह सोचे बिना कि वह ठीक है या नहीं।

जब किसी व्यक्ति को दुनिया की वस्तुओं की निरर्थकता समझ में आने लगती है, तो वह सोचने लगता है कि अब और बहलाया नहीं जाना चाहिए, प्रकृति की चालों में नहीं फंसना चाहिए। यही असली गुलामी है। अगर कोई उसे कुछ अच्छा कहे, तो वह मुस्कुरा देता है; अगर कोई कठोर बात कह दे, तो वह दुखी हो जाता है। वह रोटी का गुलाम है, हवा के झोंके का गुलाम है;

कपड़ों, देश, नाम और शोहरत — इन सबका गुलाम है। वह हर तरफ से बंधा हुआ है, और असली इंसान उसके भीतर दबा पड़ा है। जिसे तुम 'मनुष्य' कहते हो, वह एक गुलाम है।

लेकिन जब कोई इस पूरे बंधन को समझ लेता है, तभी उसके भीतर आज़ादी की सच्ची चाह पैदा होती है — एक तीव्र, जलती हुई चाह। जैसे किसी आदमी के सिर पर जलता हुआ अंगारा रखा जाए, तो वह उसे हटाने के लिए बुरी तरह तड़पेगा, वैसे ही तड़पता है वह व्यक्ति जो समझ जाता है कि वह प्रकृति की गुलामी में जकड़ा हुआ है।

*

हर आत्मा एक तारे की तरह है, और ये सभी तारे उस अनंत आकाश में स्थित हैं — उस शाश्वत आकाश में, जिसे हम ईश्वर कहते हैं। हर आत्मा की जड़, उसकी असली पहचान, उसी ईश्वर में है। धर्म की शुरुआत तब हुई जब हमने उन कुछ आत्माओं की खोज की जो हमारी नजरों से दूर चली गई थीं, और अंत में हमने जाना कि वे भी ईश्वर में हैं — और हम भी वहीं हैं। असली रहस्य यह है कि आपके पिता ने बस पुराना शरीर छोड़ दिया है, और अब वे उसी शाश्वत स्थान पर खड़े हैं, जहाँ वे अनंत काल से थे। क्या वे फिर से कोई नया शरीर धारण करेंगे?

मैं दिल से प्रार्थना करता हूँ कि ऐसा न हो — जब तक वे पूरी जागरूकता के साथ ऐसा न चाहें। मैं प्रार्थना करता हूँ कि कोई भी अपने पुराने कर्मों की अनदेखी ताकतों से कहीं भी खींचा न जाए। मैं प्रार्थना करता हूँ कि सभी यह जानें कि वे स्वतंत्र हैं। और अगर उन्हें फिर कोई सपना देखना है, तो हम यही दुआ करें कि वह सपना शांति और खुशी से भरा हो।

*

चाहे कोई कितना भी ऊँचा या नीच क्यों न हो, चाहे वह महान मनुष्य हो या ज़मीन पर रेंगता कीड़ा — हर एक में वही एक आत्मा है: शुद्ध, परिपूर्ण, अनंत और सदा आनंदित। कीड़े में वही आत्मा सिर्फ थोड़ा-सा प्रकट हो रही है, और महान व्यक्ति में वह बहुत अधिक प्रकट हो रही है। फर्क केवल इस बात में है कि कौन कितना व्यक्त कर पा रहा है, आत्मा तो सभी में एक ही है और समान रूप से परिपूर्ण है।

स्वर्ग की कल्पना को एक साधारण विचार माना जाता है, क्योंकि वह इन्द्रिय-भोग की इच्छा से उपजती है। हम मूर्खतापूर्ण तरीके से सोचते हैं कि जैसा सुख हमें अब मिलता है, वैसा ही सारा ब्रह्मांड होना चाहिए।

जैसे बच्चे सोचते हैं कि दुनिया सिर्फ बच्चों से भरी है, या पागल लोग सोचते हैं कि पूरी दुनिया पागलखाना है, वैसे ही जो लोग खाने-पीने और दावतों को ही जीवन मानते हैं, वे स्वर्ग को भोग-विलास की जगह के रूप में देखते हैं। उनके और जंगली जानवरों के बीच ज्यादा अंतर नहीं होता — इसलिए वे ऐसे स्थानों की कल्पना करते हैं जहाँ और भी ज्यादा भोग मिलेगा, क्योंकि यह जीवन उन्हें छोटा लगता है।

उनकी भोग-विलास की इच्छा अनंत है, इसलिए वे ऐसे स्थानों के बारे में सोचने के लिए बाध्य हैं, जहाँ उन्हें इन्द्रियों का निर्बाध भोग प्राप्त हो; और हम देखते हैं, जैसे-जैसे हम आगे बढ़ते हैं, जो लोग ऐसे स्थानों पर जाना चाहते हैं, उन्हें जाना ही होगा; वे स्वप्न देखेंगे, और जब यह स्वप्न समाप्त होगा, तो वे दूसरे स्वप्न में होंगे, जहाँ इन्द्रिय-भोग प्रचुर मात्रा में है; और जब वह स्वप्न टूटेगा, तो उन्हें किसी और चीज़ के बारे में सोचना होगा। इस प्रकार वे स्वप्न से स्वप्न की ओर भटकते रहेंगे।

*

शाश्वत, अनंत, हर जगह मौजूद और सब कुछ जानने वाला एक ही सिद्धांत है — कोई व्यक्ति नहीं। आप, मैं और बाकी सभी उसी सिद्धांत का एक रूप हैं। और जिस व्यक्ति में यह अनंत सिद्धांत जितना ज्यादा प्रकट होता है, वह उतना ही महान होता है। अंत में, हम सभी उस सिद्धांत के पूरे रूप बन जाते हैं और इस तरह से हम सभी एक हो जाते हैं — जैसे कि हम पहले से ही मूल रूप से एक ही हैं। धर्म का पूरा सार यही है, और इसका अभ्यास उस एकता की भावना से होता है, जिसे हम प्रेम कहते हैं। पुराने समय के जितने भी धुंधले विश्वास हैं, वे अब सिर्फ अंधविश्वास हैं। तो फिर उन्हें ज़िंदा रखने की कोशिश क्यों करें? जब जीवन और सच्चाई की नदी बह रही हो, तब प्यासे लोगों को खाई का गंदा पानी क्यों पिलाया जाए? यह केवल इंसानी स्वार्थ है, और कुछ नहीं।

जीवन छोटा है — समय तेज़ी से निकल रहा है। जहाँ भी किसी के विचार सबसे अच्छी तरह काम कर सकते हैं, वही स्थान और वही लोग उसके लिए उपयुक्त हैं। हाँ, इसके लिए बस दर्जन भर बहादुर, बड़े दिल वाले, महान और ईमानदार लोगों की जरूरत है!

*

यह वह समय है जब आपको अपने भविष्य का फैसला करना है — तब नहीं जब आप थक चुके हों, बल्कि जब आप में युवावस्था की ताजगी और ऊर्जा हो। काम में लगो — यही सही समय है; क्योंकि सबसे ताजे, साफ और बिना मुरझाए फूल ही भगवान के चरणों में अर्पित किए जाते हैं, और भगवान भी ऐसे ही फूल स्वीकार करते हैं।

इसलिए, अपने आप को जगाओ, वरना जीवन बहुत छोटा है। वकील बनने, झगड़े करने या ऐसी दूसरी महत्वाकांक्षाओं से

कहीं ज़्यादा बड़ा काम है — अपनी जाति के भले और मानवता के कल्याण के लिए खुद को समर्पित करना। आखिर इस जीवन में है ही क्या?

*

यह जीवन छोटा है, दुनिया की चीज़ें थोड़े समय के लिए ही टिकती हैं, लेकिन असल में वही लोग ज़िंदा हैं जो दूसरों के लिए जीते हैं — बाकी तो ज़िंदा होकर भी जैसे मरे हुए हैं।

*

मूर्खता की बातों से दूर रहो; भगवान की बातें करो। यह जीवन धोखेबाजों और सनकी लोगों की बातें करने में बर्बाद करने के लिए बहुत छोटा है।

*

भारत अनगिनत समय से मानव समाज के लिए कीमती विचारों का स्रोत रहा है; उसने खुद महान विचार पैदा किए और उन्हें पूरी दुनिया में खुले तौर पर बाँटा है।

आज अंग्रेज भारत में हैं, उन्हीं ऊँचे आदर्शों को पाने के लिए, वेदांत का ज्ञान लेने के लिए, उस सनातन धर्म के गहरे रहस्यों को समझने के लिए — जो तुम्हारा अपना है। उनसे जो कुछ भी तुम लो, उसके बदले में उन्हें अनमोल रत्न दो। भगवान ने मुझे उनके देश इंग्लैंड इसलिए भेजा, ताकि वे जो हमें हमेशा भिखारी समझते हैं, उस बदनामी को मिटाया जा सके। सिर्फ भीख माँगने के लिए इंग्लैंड जाना सही नहीं है। वे हमें हमेशा क्यों देते रहें? क्या कोई हमेशा ऐसा कर सकता है? भिखारी की

तरह हमेशा हाथ फैलाकर लेना प्रकृति का नियम नहीं है। प्रकृति का नियम है — देना और लेना दोनों। कोई भी व्यक्ति, वर्ग या देश जो इस नियम को नहीं मानता, वह जीवन में कभी उन्नति नहीं कर सकता। हमें भी इस नियम को मानना होगा।

*

मनुष्य कहता है, "मैं जी रहा हूँ।" पर वह नहीं समझता कि यह मृत्यु का डर ही है जो उसे ज़िंदगी से जकड़े रखता है जैसे कोई गुलाम। वह कहता है, "मैं आनंद ले रहा हूँ," पर वह कभी नहीं सोचता कि असल में प्रकृति ने उसे अपना गुलाम बना लिया है।

प्रकृति हम सबको धीरे-धीरे पीसती रहती है। ज़रा सोचो, तुम्हें जो थोड़ा-सा आनंद मिलता है, वह कितना है? अंत में, प्रकृति ने तुम्हारे ज़रिए अपना काम कर लिया, और जब तुम मरोगे, तब तुम्हारा शरीर नए पौधों को उगाने में लग जाएगा। फिर भी हम सोचते रहते हैं कि ये सब हमारे लिए है। और इसी तरह ये चक्र चलता रहता है।

*

ईश्वर एक साथ क्रूर भी है और क्रूर नहीं भी। वह एक साथ सब कुछ भी है और कुछ भी नहीं। इसलिए, वह खुद एक विरोधाभास है। और प्रकृति? वह भी बस विरोधाभासों का ढेर है।

*

प्रकृति का न्याय भी एक जैसा कठोर और अडिग होता है, सबके लिए।

*

यह जो सोच है कि लक्ष्य बहुत दूर है, और प्रकृति से बाहर है, वह विचार हमें खींचता है — लेकिन हमें इसे अपमानित किए बिना, गिराए बिना, धीरे-धीरे अपने करीब लाना होगा। जो ईश्वर स्वर्ग में है, वही धीरे-धीरे प्रकृति में ईश्वर बनता है; और वही प्रकृति में ईश्वर, अंततः स्वयं प्रकृति बन जाता है। फिर वह प्रकृति का ईश्वर हमारे शरीर के मंदिर में आकर बसता है। और जब वह ईश्वर शरीर के भीतर रहता है, तब वह खुद मंदिर बन जाता है — आत्मा बनता है, मनुष्य बन जाता है। तब जाकर वह उस अंतिम बिंदु तक पहुँचता है जिसे वह सिखा सकता है। जिसे ऋषियों ने सभी जगह ढूंढा, वेदान्त कहता है कि वह ईश्वर हमारे अपने हृदय में है। वह कहता है कि तुमने जो आवाज सुनी, वह सच थी — लेकिन जिस दिशा में तुमने उसे मोड़ा, वह गलती थी। तुमने जो स्वतंत्रता देखी, वह सही थी — पर उसे बाहर की ओर दिखाया, यह भ्रम था। अब उसे धीरे-धीरे भीतर लाओ, जब तक तुम यह न जान लो कि वह हमेशा से तुम्हारे अंदर थी। वही तुम्हारी आत्मा थी। वही स्वतंत्रता तुम्हारा असली स्वभाव थी। और वास्तव में, यह माया तुम्हें कभी बाँध ही नहीं सकी। प्रकृति का तुम पर कभी अधिकार नहीं रहा। तुम बस एक डरे हुए बच्चे की तरह सपना देख रहे थे कि यह तुम्हें कुचल रही है। अब उस डर से आज़ाद होना ही असली लक्ष्य है — न सिर्फ उसे सोचने में, बल्कि उसे महसूस करने में, उसे इतनी सच्चाई से जानने में कि वह तुम्हारी आंखों से दिखने वाली दुनिया से भी ज़्यादा वास्तविक लगे।

*

कर्म का नियम वास्तव में कार्य और कारण का नियम है— एक ऐसा नियम जो अपरिहार्य कारण और क्रम को दर्शाता है। जहाँ भी कोई कारण होता है, वहाँ उसका परिणाम अवश्य होता है; यह अपरिहार्यता कोई नकार नहीं सकता। हमारे दर्शन के अनुसार, यह कर्म-सिद्धांत पूरे ब्रह्मांड में लागू होता है। जो कुछ

भी हम देखते हैं, अनुभव करते हैं या करते हैं, ब्रह्मांड में जो भी कार्य होता है—वह एक ओर तो पिछले कर्म का परिणाम होता है, और दूसरी ओर वह खुद भी एक कारण बनता है, जो आगे परिणाम देता है।

इसके साथ-साथ हमें यह भी समझना चाहिए कि "नियम" शब्द का मतलब क्या है। नियम का अर्थ होता है—किसी निश्चित क्रम की बार-बार पुनरावृत्ति की प्रवृत्ति। जब हम एक घटना के बाद दूसरी घटना को या कभी-कभी उनके साथ-साथ घटित होते देखते हैं, तो हम उस क्रम या एकसाथ घटने की पुनरावृत्ति की उम्मीद करते हैं। पुराने तर्कशास्त्र और न्याय के दार्शनिक इसे व्याप्ति कहते थे। उनके अनुसार, नियम की समझ पूरी तरह संगति पर आधारित है। घटनाओं की श्रृंखला हमारे मन में इस तरह जम जाती है कि किसी भी क्षण जो कुछ हम देखते हैं, वह तुरंत अन्य चीजों से जुड़ जाता है।

हमारे मनोविज्ञान के अनुसार, कोई भी एक विचार या चित्त में उत्पन्न कोई भी तरंग हमेशा कई समान तरंगों को जन्म देती है। यही मनोवैज्ञानिक जुड़ाव का विचार है, और कार्य-कारण उसी जुड़ाव की एक झलक है। इस जुड़ाव की व्यापकता को संस्कृत में व्याप्ति कहा जाता है। बाहरी जगत में 'नियम' का विचार उसी तरह का है जैसे भीतर—एक अपेक्षा कि एक विशेष घटना के बाद दूसरी घटना घटेगी, और यह क्रम दोहराया जाएगा।

इसलिए सच्चाई यह है कि प्रकृति में कोई 'नियम' सचमुच में मौजूद नहीं है। यह कहना व्यावहारिक तौर पर गलत है कि पृथ्वी में गुरुत्वाकर्षण है या प्रकृति में कोई नियम है। 'नियम' केवल वह तरीका है जिससे हमारा दिमाग घटनाओं की श्रृंखला को समझता है। यह सब हमारे दिमाग में है। कुछ घटनाएं, एक के बाद एक या साथ-साथ होती हैं, और जब यह दोहराव बार-बार होता है, तो हमारा मन उसे पहचान लेता है और उस पूरे क्रम को

एक 'नियम' के रूप में देखने लगता है। यही हम 'कानून' कहते हैं।

*

ऐसे प्रश्न जैसे कि "ईश्वर ने ब्रह्माण्ड क्यों बनाया?" या "पूर्ण ने अपूर्ण को क्यों बनाया?" — इनका उत्तर कभी नहीं दिया जा सकता, क्योंकि ये प्रश्न तर्क की दृष्टि से असंगत हैं। तर्क केवल प्रकृति के दायरे में काम करता है; वह प्रकृति से परे कोई स्थान नहीं रखता।

ईश्वर यदि सर्वशक्तिमान है, तो यह पूछना कि उसने यह सब क्यों किया, उसी को सीमित करना है। क्योंकि यदि हम ऐसा पूछते हैं, तो इसका अर्थ होता है कि ब्रह्माण्ड बनाने का कोई उद्देश्य था। अगर कोई उद्देश्य था, तो वह कोई लक्ष्य रहा होगा, और इसका मतलब यह हुआ कि वह ईश्वर उस लक्ष्य को साधनों के बिना नहीं प्राप्त कर सकता था। 'क्यों' जैसे प्रश्न सिर्फ उन्हीं बातों पर लागू होते हैं, जो किसी और चीज़ पर निर्भर होती हैं।

मानव जाति के विकास के लिए पूर्वी आदर्श उतने ही ज़रूरी हैं जितने कि पश्चिमी आदर्श, बल्कि मेरी राय में तो वे और भी ज़्यादा ज़रूरी हैं। मशीनों ने कभी भी इंसान को सच्ची खुशी नहीं दी और न ही आगे देंगी। जो कोई यह कहता है कि सुख मशीनों में है, वह गलत दावा करता है। असली सुख हमेशा मन में होता है। वही व्यक्ति सुखी हो सकता है जो अपने मन का स्वामी बन चुका है — और कोई नहीं।

और यह मशीनों की शक्ति आख़िर है क्या? अगर कोई व्यक्ति तार में बिजली भेज सकता है, तो सिर्फ़ इसी वजह से उसे महान या बुद्धिमान क्यों माना जाए? क्या प्रकृति हर पल उससे लाखों गुना ज़्यादा काम नहीं करती? तो फिर क्यों न हम प्रकृति की ही पूजा करें? मान लो कि तुम पूरे संसार पर अधिकार कर लो,

ब्रह्माण्ड के हर कण को नियंत्रित कर लो—फिर भी इसका क्या फ़ायदा? जब तक तुम्हारे भीतर खुद को सुखी बनाने की ताक़त नहीं है, जब तक तुमने अपने ऊपर विजय नहीं पाई है, तब तक तुम कभी सुखी नहीं हो सकते। यह सच है कि मनुष्य का जन्म प्रकृति पर विजय पाने के लिए हुआ है। लेकिन पाश्चात्य सोच में 'प्रकृति' का मतलब सिर्फ़ बाहरी दुनिया से है—पर्वत, समुद्र, नदियाँ और उनकी विशाल शक्तियाँ। पर मनुष्य के भीतर एक और भी भव्य दुनिया है—एक आंतरिक प्रकृति, जो सूरज, चाँद और तारों से भी ऊँची है; यह पृथ्वी और भौतिक ब्रह्माण्ड से भी ऊपर है, और हमारे छोटे-छोटे जीवनों से भी कहीं ज़्यादा गहरी है। यह मन की दुनिया है, जो हमें अध्ययन का एक नया क्षेत्र देती है।

आध्यात्मिकता के क्षेत्र में प्राच्य श्रेष्ठ हैं, जैसे कि पाश्चात्य लोग तकनीक और अन्य क्षेत्रों में श्रेष्ठ हैं। इसलिए यह बिल्कुल उचित है कि जब कभी आध्यात्मिक दिशा में मार्गदर्शन चाहिए, तो वह प्राच्य से आए। उसी तरह, जब प्राच्य लोग मशीनें बनाना सीखना चाहते हैं, तो उन्हें पाश्चात्य के पास जाकर सीखना चाहिए। और जब पाश्चात्य आत्मा, ईश्वर, ब्रह्मांड के रहस्य और जीवन के गहरे अर्थ को समझना चाहते हैं, तो उन्हें प्राच्य के चरणों में बैठकर ज्ञान प्राप्त करना चाहिए।

*

बाहरी और अंदरूनी प्रकृति अलग नहीं हैं; वे वास्तव में एक ही चीज़ हैं। 'प्रकृति' का मतलब है सभी घटनाओं का समूह—जो कुछ भी है और जो भी गति करता है।

*

आप जितना प्रकृति से दूर भागना चाहेंगे, वह उतनी ही तेजी से आपका पीछा करेगी; लेकिन अगर आप उसकी बिलकुल परवाह नहीं करते, तो वह आपकी सेविका बन जाती है।

*

पूरी प्रकृति कार्य-कारण के नियमों में बंधी है और वह समय और स्थान के भीतर काम करती है। हम जो कुछ भी देखते हैं वह स्थान के भीतर होता है, लेकिन हम यह नहीं जानते कि स्थान क्या है। हम समय के बाहर कुछ नहीं देख सकते, फिर भी समय का असली स्वरूप हमें नहीं पता। हम सिर्फ कार्य-कारण के अनुसार सोच सकते हैं, लेकिन हमें ये नहीं मालूम कि कार्य-कारण खुद क्या है। ये तीन चीज़ें—समय, स्थान और कारण—हर घटना में होती हैं, लेकिन खुद कोई घटना नहीं होतीं। ये ऐसे ढाँचे या साँचे हैं जिनमें सारी घटनाओं को फिट होना पड़ता है ताकि हम उन्हें समझ सकें। जैसे पदार्थ है, वैसे ही उसमें समय, स्थान और कारण भी शामिल होते हैं। और जैसे मन है, वैसे ही उसमें भी ये तीनों चीज़ें मौजूद रहती हैं।

इस बात को एक और तरह से समझा जा सकता है। हर चीज़ तीन भागों से बनी होती है: पदार्थ, नाम और रूप। नाम और रूप तो बदलते रहते हैं, लेकिन पदार्थ हमेशा वैसा ही रहता है। यही तीन मिलकर जैसे यह घड़ा बनाते हैं। जब घड़ा टूट जाता है, तब आप उसे घड़ा नहीं कहते, और उसका घड़े जैसा रूप भी नजर नहीं आता। उसका नाम और रूप मिट जाते हैं, पर उसका मूल पदार्थ बना रहता है। हर अंतर केवल नाम और रूप के कारण होता है। लेकिन ये नाम और रूप असली नहीं हैं, क्योंकि ये टिकते नहीं—गायब हो जाते हैं।

हम जिसे प्रकृति कहते हैं, वह वह मूल पदार्थ नहीं है। असली

पदार्थ तो वही है जो न बदलता है, न खत्म होता है। प्रकृति का मतलब है समय, स्थान और कारण—यानी नाम और रूप। यही नाम और रूप मिलकर माया कहलाते हैं। माया का मतलब है वह ढाँचा, जिसमें हर चीज़ आकार लेती है। लेकिन माया असली नहीं है। अगर माया असली होती, तो उसे न बदला जा सकता, न मिटाया जा सकता।

यहाँ दो "मैं" होते हैं—एक असली "मैं", जो कभी नष्ट नहीं हो सकता; और दूसरा दिखावटी "मैं", जो हमेशा बदलता रहता है और अंत में मिट जाता है।

*

कुछ विद्वान प्राचीन आर्य साहित्य के आधार पर मानते हैं कि धर्म की शुरुआत प्रकृति की पूजा से हुई। भारत में हमें कई जगह पूर्वजों की पूजा के प्रमाण मिलते हैं, लेकिन सबसे पुराने ग्रंथों में इसका कोई उल्लेख नहीं है। आर्य जाति का सबसे पुराना ग्रंथ ऋग्वेद है, और उसमें भी पूर्वजों की पूजा का कोई संकेत नहीं मिलता। आधुनिक विद्वानों की राय है कि धर्म की शुरुआत प्रकृति पूजा से ही हुई थी। इंसानी मन हमेशा परदे के पीछे छिपे रहस्य को जानने की कोशिश करता रहा है। सूर्योदय, सूर्यास्त, तूफान, प्रकृति की अद्भुत और विशाल शक्तियाँ और सुंदरता—ये सब मानव मन को आकर्षित करती रहीं और उसने इनके पीछे छिपे कारणों को समझना चाहा। इसी कोशिश में उसने इन घटनाओं को मानवीय गुण दिए, उन्हें सुंदर, अलौकिक आत्मा या शरीर की तरह देखा। यह कोशिश हमेशा इन घटनाओं को अमूर्त यानी निराकार मानने पर खत्म हुई—चाहे उन्हें पहले व्यक्ति की तरह ही क्यों न देखा गया हो।

यूनानियों में भी यही देखा गया; उनकी पौराणिक कथाएँ अमूर्त

प्रकृति पूजा का ही रूप थीं। प्राचीन जर्मन, स्कैंडिनेवियाई और अन्य सभी आर्य जातियों में भी ऐसा ही हुआ। इसलिए यह मानने के पीछे मजबूत तर्क है कि धर्म की उत्पत्ति प्रकृति की शक्तियों को मानवीय रूप देने से हुई।

ये दोनों विचार, चाहे एक-दूसरे के विरोधी क्यों न लगें, एक तीसरे आधार पर मिल सकते हैं, जिसे मैं धर्म का असली स्रोत मानता हूँ—इंद्रियों की सीमाओं से आगे जाने की कोशिश। या तो मनुष्य अपने पूर्वजों की आत्माओं, यानी मरने के बाद के जीवन की कोई झलक पाने की कोशिश करता है, या वह प्रकृति की चमत्कारी घटनाओं के पीछे काम कर रही शक्ति को समझना चाहता है। जो भी हो, एक बात साफ है: वह अपनी इंद्रियों से परे जाना चाहता है। वह इंद्रियों की सीमाओं से संतुष्ट नहीं है—वह इनसे आगे बढ़ना चाहता है।

इसका कारण कोई रहस्यमय बात नहीं है। यह बहुत स्वाभाविक है कि धर्म की पहली झलक सपनों के जरिए मिले। अमरता का पहला विचार शायद इंसान को सपनों से ही मिला। क्या यह अनुभव सबसे अद्भुत नहीं है? और हम जानते हैं कि बच्चों और अनपढ़ लोगों को सपने और जागते हुए जीवन में ज़्यादा अंतर महसूस नहीं होता। तो यह भी स्वाभाविक है कि वे मान लें कि जब नींद में शरीर शांत होता है, तब भी मन पूरी तरह सक्रिय रहता है। इसमें क्या आश्चर्य है कि लोग जल्दी से यह सोच लेते हैं कि जब शरीर हमेशा के लिए नष्ट हो जाता है, तब भी मन का काम जारी रहेगा?

मेरे विचार में, यह अलौकिक का सबसे स्वाभाविक और आसान स्पष्टीकरण है, और इन्हीं सपनों के माध्यम से मनुष्य के विचार धीरे-धीरे ऊँचे और गहरे होते गए। लेकिन फिर समय के साथ लोगों ने यह भी जाना कि सपनों को जागते हुए अनुभवों से सच साबित नहीं किया जा सकता। सपनों में ऐसा कुछ नहीं होता

जो नया हो, बल्कि वे केवल जागी हुई अवस्था के अनुभवों को ही दोहराते हैं।

लेकिन तब तक खोज की शुरुआत हो चुकी थी, और यह खोज अब भीतर की ओर मुड़ी थी। मनुष्य ने मन की अलग-अलग अवस्थाओं को और गहराई से खंगालना शुरू किया और उसने जाग्रत और स्वप्न अवस्था से भी ऊँची अवस्थाओं को खोजा। दुनिया के हर संगठित धर्म में हमें ऐसी ही एक अवस्था मिलती है, जिसे परमानंद या प्रेरणा कहा जाता है। हर संगठित धर्म में उनके संस्थापक, पैगंबर या संदेशवाहक ऐसे मन की स्थिति में पहुँचे बताए जाते हैं जो न तो पूरी तरह जाग्रत थी और न ही नींद की—एक ऐसी अवस्था जहाँ उन्होंने तथ्यों की एक नई श्रृंखला को सामने पाया, जिसे आत्मिक या आध्यात्मिक क्षेत्र कहा जाता है। वहाँ उन्होंने चीजों को इतनी गहराई और तीव्रता से महसूस किया जितनी हम जागते हुए अपनी दुनिया की किसी भी चीज़ को नहीं कर सकते।

*

दुनिया के सभी धर्म एक ही सार्वभौमिक और अटूट आधार पर बने हैं—प्रत्यक्ष अनुभव पर। हर शिक्षक ने ईश्वर को देखा है; हर किसी ने अपनी आत्मा को देखा, अपने भविष्य को जाना, अपनी अनंतता को महसूस किया, और फिर वही सिखाया जो उन्होंने खुद देखा। फर्क सिर्फ इतना है कि आजकल अधिकतर धर्म, खासकर आधुनिक समय में, एक अजीब दावा करते हैं—कि ऐसे अनुभव अब नहीं हो सकते। ये केवल कुछ विशेष लोगों के साथ ही संभव थे, जिन्हें बाद में उनके नाम वाले धर्मों का संस्थापक कहा गया। अब ये अनुभव पुराने हो गए हैं, इसलिए आज धर्म को सिर्फ विश्वास से स्वीकार करना होगा। मैं इस सोच को पूरी तरह खारिज करता हूँ। अगर दुनिया में कभी किसी क्षेत्र में कोई अनुभव हुआ है, तो इसका मतलब है कि वह अनुभव

पहले भी अनगिनत बार हो चुका है, और भविष्य में भी होता रहेगा। प्रकृति का एक सख़्त नियम है—एकरूपता; जो एक बार घटा है, वह हमेशा दोहराया जा सकता है।

*

मनुष्य की स्वतंत्र इच्छा आत्मा में निहित है, और आत्मा, चाहे मन के बंधनों में ही क्यों न हो, खुद को हमेशा स्वतंत्र मानती है और इस बात पर ज़ोर देती है: "मैं स्वतंत्र हूँ! मैं वही हूँ जो मैं हूँ! मैं वही हूँ जो मैं हूँ!" यही हमारी स्वतंत्रता है। आत्मा सदा मुक्त, असीम और शाश्वत है—वह युगों से मन के ज़रिए खुद को ज़्यादा से ज़्यादा प्रकट कर रही है।

तो फिर मनुष्य और प्रकृति का संबंध क्या है? जीवन के सबसे साधारण रूप से लेकर मनुष्य तक, आत्मा प्रकृति के माध्यम से प्रकट होती है। आत्मा की सर्वोच्च अभिव्यक्ति सबसे नीच रूप में छिपी है, और वह विकास नाम की प्रक्रिया से बाहर की ओर उभर रही है।

विकास की पूरी प्रक्रिया आत्मा द्वारा खुद को प्रकट करने की एक कोशिश है। यह प्रकृति के ख़िलाफ़ एक लगातार संघर्ष है। मनुष्य वही बनता है जो वह है, प्रकृति के साथ नहीं बल्कि उसके विरुद्ध लड़कर। हमें बार-बार बताया जाता है कि हमें प्रकृति के साथ सामंजस्य में रहना चाहिए, लेकिन यह भ्रम है। मेज़, घड़ा, खनिज, या पेड़ सभी प्रकृति के साथ सामंजस्य में हैं। वहाँ कोई विरोध नहीं है। लेकिन यही सामंजस्य ठहराव और मृत्यु है। मनुष्य ने घर कैसे बनाया? क्या वह प्रकृति से तालमेल बिठाकर बना? नहीं। उसने प्रकृति से संघर्ष किया। यही संघर्ष, यही टकराव, मनुष्य की प्रगति का मूल है—प्रकृति के अनुरूप रहना नहीं।

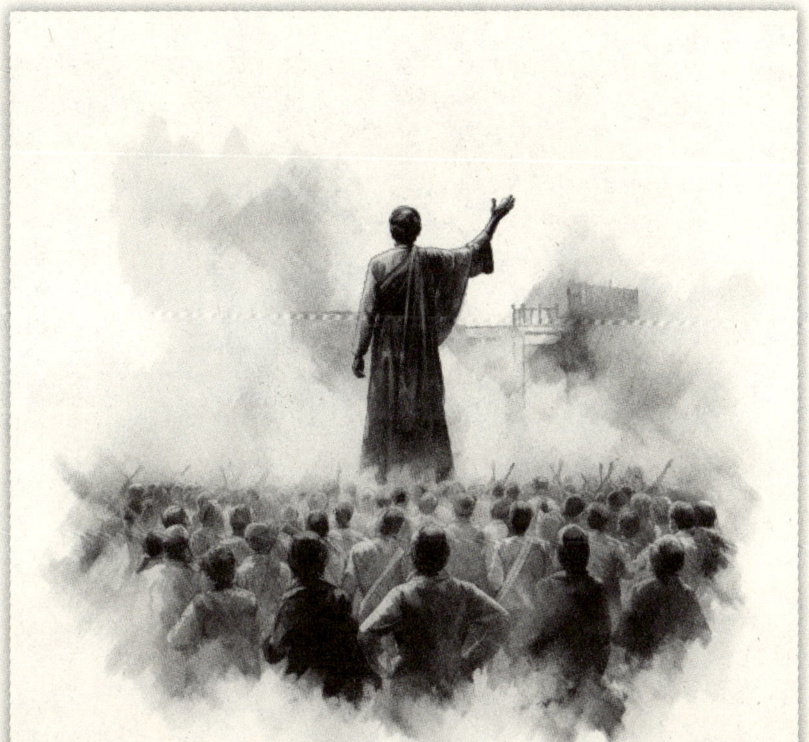

सभी बंधनों का अंत

कोई भी मानव जाति ऐसी नहीं रही है जिसके पास कोई धर्म न हो, या जो किसी न किसी रूप में ईश्वर या देवताओं की पूजा न करती हो। ईश्वर या देवता वास्तव में हैं या नहीं—यह प्रश्न नहीं है; असली प्रश्न यह है कि इस मनोवैज्ञानिक अनुभव का विश्लेषण क्या है?

पूरी दुनिया ईश्वर को क्यों खोज रही है? क्यों हर कोई उसकी तलाश करता है?

क्योंकि तमाम बंधनों के बावजूद, प्रकृति और कानून की उस शक्तिशाली शक्ति के बावजूद जो हमें हर ओर से घेरे हुए है, जो हमें कभी आज़ादी से काम नहीं करने देती—जहाँ भी हम जाते हैं, जो कुछ भी करना चाहते हैं, हम हमेशा किसी नियम से टकराते हैं—इन सभी के बावजूद, मानव आत्मा अपनी आज़ादी को कभी नहीं भूलती। वह हमेशा उस आज़ादी को खोजती रहती है। यही स्वतंत्रता की खोज हर धर्म का आधार है; चाहे लोग इसे जानें या न जानें, चाहे वे इसे अच्छी तरह व्यक्त करें या नहीं, विचार वहीं है।

यहाँ तक कि सबसे साधारण और अनपढ़ व्यक्ति भी ऐसी किसी शक्ति की तलाश करता है जो प्रकृति के नियमों से ऊपर हो। वह एक राक्षस, एक आत्मा, एक देवता देखना चाहता है—कोई ऐसा जो प्रकृति पर नियंत्रण रखता हो, जिसके लिए प्रकृति कोई सीमा न हो, जिस पर कोई नियम लागू न हो।

"कोई तो हो जो सारे नियम तोड़ दे!" यही आवाज़ हर इंसान के दिल से निकलती है। हम हमेशा किसी ऐसे को खोजते हैं जो नियमों से ऊपर हो।

तेज़ रफ़्तार से दौड़ता हुआ इंजन रेल की पटरियों पर आगे बढ़ता है; एक छोटा सा कीड़ा उसके रास्ते से हट जाता है। हम तुरंत कहते हैं, "इंजन तो एक निर्जीव वस्तु है, एक मशीन है; लेकिन कीड़ा जीवित है," क्योंकि कीड़ा कानून को तोड़ने की कोशिश करता है। इंजन, चाहे वह कितना ही शक्तिशाली क्यों न हो, कभी भी कानून नहीं तोड़ सकता। उसे मनुष्य ने इस तरह बनाया है कि वह केवल उसी दिशा में जा सकता है, जैसा निर्देश दिया गया हो; वह इसके अलावा कुछ नहीं कर सकता। लेकिन कीड़ा, जो बहुत छोटा और कमजोर था, फिर भी खतरे से बचने की कोशिश करता है, वह कानून के विरुद्ध अपनी मर्ज़ी जताता है, अपनी आज़ादी का दावा करता है; और इसी में भविष्य के ईश्वर का संकेत छिपा है।

हर जगह आत्मा की इसी स्वतंत्रता के दावे को देखा जा सकता है। यह हर धर्म में ईश्वर या देवताओं की कल्पना में दिखाई देता है; लेकिन यह अब भी बाहरी है — उन लोगों के लिए जो ईश्वर को केवल बाहर ही देखते हैं।

मनुष्य ने मान लिया कि वह कुछ नहीं है। वह डरता था कि वह कभी भी आज़ाद नहीं हो सकता; इसलिए वह प्रकृति से परे किसी ऐसे अस्तित्व की खोज में निकल पड़ा जो स्वतंत्र हो। फिर उसे लगा कि बहुत से ऐसे स्वतंत्र प्राणी हैं, और धीरे-धीरे उसने उन सभी को एक सर्वोच्च ईश्वर और सर्वोच्च प्रभु में मिला दिया।

फिर भी उसे सच्ची संतुष्टि नहीं मिली। वह थोड़ा और सत्य के निकट गया, और फिर धीरे-धीरे उसे यह अनुभव हुआ कि वह जो कुछ भी था, वह किसी न किसी तरह से उस सर्वोच्च ईश्वर से जुड़ा हुआ है; कि वह, भले ही खुद को जकड़ा हुआ, छोटा और कमजोर समझता हो, फिर भी वह उस ईश्वर से जुड़ा हुआ है।

तब उसे दर्शन हुए; सोच उभरी और ज्ञान बढ़ता गया। और वह

उस ईश्वर के और निकट पहुंचा, और अंततः उसने यह पाया कि वह ईश्वर और सारे देवता — यह पूरी मनोवैज्ञानिक प्रक्रिया जो एक सर्वशक्तिमान स्वतंत्र आत्मा की खोज से जुड़ी थी — दरअसल उसके अपने ही विचार का प्रतिबिंब थी।

और अंत में मनुष्य ने यह समझा कि सिर्फ यह कहना सही नहीं है कि "ईश्वर ने मनुष्य को अपनी छवि में बनाया," बल्कि यह भी उतना ही सत्य है कि मनुष्य ने भी ईश्वर को अपनी ही छवि में गढ़ा। यही सोच ईश्वर की स्वतंत्रता के विचार को जन्म देती है। यह सत्ता हमेशा हमारे भीतर थी, हमारे सबसे करीब।

लेकिन हम उसे बाहर खोजते रहे, और अंत में पाया कि वह तो हमारे दिल के केंद्र में ही था। उस कहानी को याद कीजिए जिसमें किसी व्यक्ति ने अपने दिल की धड़कन को दरवाज़े पर दस्तक समझा। जब उसने दरवाज़ा खोला, तो वहां कोई नहीं था, और वह वापस चला गया।

फिर वही आवाज़ उसे दोबारा सुनाई दी, लेकिन फिर भी कोई नहीं था। तब उसे समझ आया कि वह तो उसकी अपनी हृदय-धड़कन थी, जिसे वह बाहर से आ रही आवाज़ मान रहा था।

ठीक इसी तरह, मनुष्य जब अंत में खोज पूरी करता है, तो उसे पता चलता है कि वह अनंत स्वतंत्रता जिसे वह बाहर, प्रकृति में खोजता रहा था, वह वास्तव में उसके अंदर ही है — आत्मा की आत्मा है; वह सच्चाई, वह स्वयं है।

इस तरह वह अस्तित्व के इस गहरे द्वैत को पहचानने लगता है: विषय और वस्तु, अनंत और सीमित, एक ही हैं — वही अनंत सत्ता सीमित रूप में प्रकट होती है, जैसे कि कोई बुद्धिमत्ता सीमित होकर दृष्टिगोचर हो रही हो, फिर भी उसका वास्तविक स्वरूप बदलता नहीं।

इसलिए यही असली ज्ञान है: कि हमारी आत्मा की आत्मा, वह सच्चाई जो हमारे भीतर है, वही शाश्वत, अविनाशी, मुक्त और सदा आनंदित सत्ता है। हमारे पास टिके रहने के लिए यही एकमात्र मजबूत आधार है।

और यही वह बिंदु है जहाँ मृत्यु का अंत होता है, अमरता की शुरुआत होती है, दुखों का नाश होता है। जो कोई इस बदलती दुनिया में उस एक अपरिवर्तनीय को देखता है, जो उसे अपनी आत्मा की आत्मा के रूप में जानता है — केवल वही शाश्वत शांति को प्राप्त करता है। और कोई नहीं।